U0871574

幼儿园儿童海报活动指导

丛书主编　赵　宇
分册主编　万慧馨　王清华
编　　者　金小寒　刘洪霞　韩晓婉
　　　　　张　思　张　婷　顾　香
　　　　　刘　娜　王　琳　王思懿

辽宁师范大学出版社
·大　连·

编者的话

提高学前教育质量的关键在于提高幼儿园教师队伍的专业素养。在教育部2012年颁布的《幼儿园教师专业标准（试行）》（以下简称《专业标准》）中，幼儿园教师保教工作实践能力被视为核心，作为评估业务水平的重要指标之一。因此，探索将《专业标准》中的教育理念与基本要求转化为具体的教育策略，提高幼儿园教师运用专业知识分析和解决教育实践问题的能力，对促进其专业发展具有重要意义。“幼儿园教师实践能力指导与培训丛书”（以下简称“丛书”）就是为了更好地贯彻《专业标准》和《3–6岁儿童学习与发展指南》（以下简称《指南》）而编写的。

“丛书”有三个突出的特点。一是主题性。“丛书”聚焦《专业标准》中环境的创设与利用、一日生活的组织与保育、游戏活动的支持与引导、教育活动的计划与实施、教师的反思与发展等专业能力，将其中的基本要求细化为各分册微主题，形成了主题化、系列化的丛书结构。二是实践性。“丛书”各分册精选专业知识和基本技能，凸显实践中的应用方法和常见问题的解决策略，通过提供系统的、丰富的实践经验和教育智慧，满足教师实际应用的需要，实现基于理论的实践指导。三是范例性。“丛书”提供了大量的实例、样例，这些文本、案例、问题情境等资源，为提高幼儿园教师的专业能力起到了借鉴、参考和示范的作用。

“丛书”既可作为幼儿园教师自主研修用书，也可用于实践能力培训课程，还可作为园本课程研发与使用资源。编写团队由具有多年研究和实践经验的研训教师及一线优秀教师组成，内容来源于幼儿园教育教学实践与研究成果，并多次作为区域幼儿园教师培训课程使用并获好评。书中若有疏漏和不足之处，敬请斧正。

编者

2023年9月

前言

儿童海报是幼儿对游戏、生活和学习等活动表达表征的重要载体。基于《指南》背景下儿童立场和重视幼儿表达表征的相关要求，通过教师的支持、引导和师幼互动，儿童海报活动能够有效呈现幼儿及其与同伴之间探索发现、经验变化、解决问题、艺术想象等过程，激发幼儿树立问题意识，延伸幼儿的好奇心和丰富幼儿的知识经验，引发幼儿深层次的认知与思考，促进幼儿在不断地交流、创作、探索中实现深度学习。

本书从提高幼儿园教师儿童海报活动的实践能力出发，通过理论知识的梳理和具体案例的展示，帮助教师正确认识儿童海报活动的内涵与特点，掌握儿童海报活动的组织实施策略。本书共分为四章：第一章从《指南》背景下儿童海报活动理念、儿童海报的价值、儿童海报与相关活动的关系三个方面解决教师对儿童海报的基本认识问题；第二章从儿童海报的特点、不同种类与形式、多元的内容选择、多样的呈现方式、组织流程及指导要点六个方面进行概述，为教师有效开展儿童海报活动提供参考；第三章从观察与评价的基本原则、基本内容、方法及应用、基本流程四个方面引导教师明确观察的目的及方法，提高教师对儿童海报活动观察与评价的有效性；第四章重点提炼了儿童海报制作方面的内容，从幼儿在一日生活活动中整理了9个不同年龄段的儿童海报活动实践案例，为教师开展小、中、大班儿童海报活动提供了参考和借鉴。

本书在立足儿童海报实践与研究的基础上提炼和总结经验做法，旨在从理论性、实践性和操作性上为幼儿园教师开展儿童海报活动提供思路和指导。本书可作为幼儿园组织幼儿开展儿童海报活动的参考用书，也可作为教师自主研修用书或培训用书。

目录

第一章 儿童海报活动的基本认识

儿童海报是指幼儿以自身为叙事视角，用主题海报的形式呈现其与同伴之间在一日生活活动中对探索发现、经验变化、解决问题、艺术想象等过程的表征内容。《指南》中建议让幼儿在写写画画的过程中体验文字符号的功能。《幼儿园保育教育质量评估指南》（以下简称《评估指南》）中也明确提出了幼儿园要重视幼儿的表达表征。儿童海报活动是幼儿以儿童海报为载体进行表达表征的活动。儿童海报活动的组织与实施能够不断激发幼儿在一日活动中进行多元表征、合作表征、持续表征，从而引发幼儿深层次的思考，实现深度学习。

一、《指南》背景下儿童海报活动理念

儿童海报活动要充分尊重幼儿自主性发展，基于幼儿的自主探索和发现，通过多元表征呈现探索痕迹，总结梳理学习经验。在儿童海报活动中要体现以下理念：

1. 儿童为主

儿童海报活动要充分体现儿童性，应尽可能把创作的主动权交给儿童，基于儿童立场，立足儿童视角，支持儿童用自己的表征手段记录发现和认识。所以，儿童海报的内容、形式、呈现方式均来自儿童。

2. 关注过程

在儿童海报活动中，教师关注儿童海报作品的同时，更应该关注幼儿在海报制作过程中的经验变化。注意引导幼儿发现、讨论、总结、反思。鼓励幼儿通过使用图画、符号、动作、语言、学习导图等方式，表达自己在活动中的所思所想、发现的问题、探究方式、探究过程、探究结果等内容。最终，完整呈现幼儿的探究过程。

3. 持续支持

在儿童海报活动中，教师要注重对幼儿的持续支持，为幼儿的自主探究搭建支架，帮助幼儿不断建构和丰富知识经验，提升体验和感受，为海报生成创造条件。

二、儿童海报活动的价值

儿童海报在幼儿游戏、生活、学习中的实践运用，可以帮助幼儿不断总结梳理学习经验，激发问题意识，延续探究兴趣。同时也能够促使教师不断丰富教育智慧，促进师幼关系的变革。因此，儿童海报活动对幼儿发展和教师专业成长都具有很好的促进作用。

1. 促进幼儿全面发展

儿童海报活动前，幼儿有充分交流的空间，这能有效发展幼儿的理解、倾听、回应和语言表达能力。儿童海报活动过程中，为幼儿的创想和提升留有空间。儿童海报活动后的展示、呈现，也促进了幼儿好奇心和知识经验的延伸和丰富。

激发问题意识与好奇心。儿童海报通常以幼儿在活动中的问题为明线，以获得的经验为暗线。幼儿不断发现问题，探索解决问题的方法，可有效激发其在一日生活活动中的问题意识，持续不断地扩展好奇心。

引发深层次思考。幼儿输出海报的过程中不断与问题互动，在活动中不断发现问题、提出问题、探索问题、解决问题，在教师的支持下，又会生出新的问题。在这个过程中，自然引发幼儿深层次的思考，不断连接新的经验。

促进语言能力的发展。幼儿之间、幼儿与教师之间的充分交流，可有效促进幼儿口语表达能力的提升。幼儿不断用自己的方式将探索和发现进行记录，也很好地支撑了幼儿书面语言能力的发展。

养成合作学习习惯。在制作海报的过程中，常常会出现幼儿间的分工合作，如遇到问题一起讨论，找到方法共同尝试，分工合作完成任务，交流想法相互帮助等。幼儿在多种形式的儿童海报创作过程中逐渐学会倾听理解、分工协作、换位思考等，促进幼儿养成合作学习的习惯。

提升学习品质。儿童海报的内容来源于一日活动中的精彩瞬间、幼儿关注的问题等。幼儿会结合自己感兴趣的内容进行表达表征。这有利于促使幼儿养成交流所见所闻、记录发现的好习惯。对同一个问题的不断探索，也会促进幼儿自主解决问题、不断反思问题能力的提高，同时提升了幼儿深度学习的敏感性，促进学习品质的提升。

2. 促进教师专业成长

高质量儿童海报的生成一定离不开教师的有效支持与引导。所以，儿童海报活动有效开展的背后是教师教育理念的更新和教学行为方式的变革。

促进教师教育理念的转变。从儿童海报的理念中，教师可以发现它是站在儿童立场，支持幼儿自发用自己喜欢的方式记录感兴趣的内容。教师要在时间、空间、经验、材料上，不断支持幼儿自主探究、反思复盘。教师既能最大限度地放手，又能支持幼儿完成有深度、有意义的儿童海报。由此可见，儿童海报活动对教师提出了较高的要求，需要教师不断地更新教育理念，实现从“教师本位”到“儿童立场”的完美转变。

提升师幼互动的实效性。在儿童海报活动中，教师要准确抓住幼儿兴趣点和关注点，适当抛出问题，启发幼儿思考。有些海报也需要师幼共同创作。教师如何有效启发幼儿？又如何参与到幼儿的海报活动中呢？这说明儿童海报活动对师幼互动质量的要求非常高，教师要不断地更新、反思自己的教育行为，带动和支持幼儿积极参与儿童海报活动。以上都需要通过高质量的师幼互动来实现。

三、儿童海报活动与相关活动的关系

儿童海报活动有其自身的特点，与其类似或相关的活动有游戏表征、宣传海报活动、手抄报活动、主题墙活动等。它们之间既有一定的联系也存在着区别。

1. 儿童海报活动与游戏表征的关系

共同点　都是幼儿对自己的发现、收获、经验的记录。两者均以幼儿为主，都是幼儿对自己经历过的活动进行表征。

区别　游戏表征通常一次完成，由幼儿单独完成。儿童海报的制作有时需要反思、复盘，再进行二次表征、三次表征，有时需要再加工、整理、设计，才能呈现幼儿完整的探究过程。儿童海报形式多样，有个人完成的，也有群体合作完成的。

在儿童海报的制作过程中，有时需要将幼儿碎片化的游戏表征系统地排版、整理，有时需要把多名幼儿的游戏表征作品汇聚到一起。儿童海报可以成为游戏表征的载体，呈现完整的探究过程，使幼儿表征形式更加丰富，表征内容更加全面。

2. 儿童海报活动与宣传海报活动的关系

共同点　都以绘画和图片为主要方式来呈现一定的内容，引起幼儿的关注。

区别

宣传海报活动的主要作用是宣传，主要以醒目的画面和较大的字吸引人。儿童海报活动的主要作用是有效支持幼儿表达表征，主要以幼儿的方式呈现探索和发现过程、结果。

儿童海报是属于儿童的专属海报，是儿童通过自己的方式完成的，要尽量弱化教师的痕迹，不需要儿童把精力放在美化画面方面。它旨在呈现学习的过程和探究的痕迹，是儿童好奇心和知识经验的延伸和丰富，是为引发儿童深层次思考、连接新经验打基础的。

3. 儿童海报活动与手抄报活动的关系

共同点

两者的内容都体现主题性，制作方式都体现自主性，均可传阅、观赏、张贴。

区别

两者内容选择不同，儿童海报活动以儿童为叙事视角，记录的内容一定是关于儿童自己和同伴的，是他们的亲身经历；手抄报活动是围绕主题，如节日、习俗、趣闻趣事等叙事的。两者记录形式不同，儿童海报活动多以图画、符号、照片、图表等方式记录，而手抄报活动则以编辑、抄写、描绘、制作的形式来创作。

儿童海报更适合幼儿园的小朋友，在内容和形式上都充分考虑幼儿的年龄特点和实际需求。

4. 儿童海报活动与主题墙活动的关系

儿童海报活动与主题墙活动都能呈现主题下的探究内容，但在设计目的、设计思路、表征方式、参与主体等方面存在本质上的区别。

	儿童海报活动	主题墙活动
设计目的	展现儿童探究过程	让儿童与主题对话
设计思路	源于儿童问题或探索	遵循教学逻辑
表征方式	语言、动作、图像、绘画、符号、学习导图等	主题活动的材料、照片、文字、手工制作等
参与主体	儿童立场的表达	教师本位的设计
主动性	儿童自发创作	儿童被动任务
成果展示位置	主题板、门厅、走廊、区域墙面等	主题板

第二章 儿童海报活动的组织与实施

儿童海报活动的组织与实施要依据教学目标、教学内容、幼儿年龄特点进行。儿童海报活动不局限在主题课程中，一日活动的各个环节中教师均可支持幼儿制作儿童海报。3–6 岁幼儿的兴趣比较发散，教师要用心观察、准确分析，抓住幼儿真正的关注点和兴趣点，不断激发幼儿兴趣，并提供有效支持，引导幼儿梳理经验，组织幼儿反思复盘，最终使幼儿达到深度学习与全面发展的目标。

一、儿童海报活动的特点

各年龄段幼儿的思维特点、表征水平、能力发展水平不同，儿童海报活动也显现出不同的特点，教师应根据幼儿的年龄特点给予相应的指导。

小班

特点	表现	指导建议
自身兴趣占主导。	1. 主要以无意识记忆和直觉行动思维为主。 2. 对自己感兴趣的事情充满探究兴趣，不容易受他人牵动。	1. 要善于观察和发现幼儿的兴趣点。 2. 应充分尊重幼儿兴趣，支持幼儿开展探究活动。
常用线条、涂鸦等简单的方式表征。	1. 小肌肉群发展还不完善，执笔有难度。 2. 绘画表征的能力不强。 3. 常用比较抽象的线条和简单的涂鸦表征。	1. 小班幼儿绘画的作品比较抽象，教师要耐心解读。 2. 尊重幼儿的表征方式，给予幼儿肯定和认同。

特点	表现	指导建议
语言、动作表征较多。	1. 更喜欢用语言和动作等直接的方式进行表达表征。 2. 绘画表征的内容简单、抽象。	1. 应尊重幼儿的意愿，激发幼儿表达表征的欲望，引导幼儿逐渐尝试更多的表征方式。 2. 可以用照片、图片、音视频等方式记录。
很少主动和同伴交流。	1. 喜欢与同伴一起游戏，但很少主动表达，通常需要教师的启发引导。 2. 很少主动与同伴交流想法。	1.鼓励幼儿大胆表征自己的发现，形成个人小海报。 2. 发起讨论，师幼共同制作海报。

中班

特点	表现	指导建议
运用简单的符号和学习导图表征。	1. 对事物的理解能力渐渐增强，表征能力有了进一步的提升。 2. 会用到一些简单的符号、线条等。 3. 逐渐学会反思问题、梳理经验，海报中会出现一些简单的学习导图。	1. 可以引导幼儿探索和发现简单符号的作用。 2. 可以支持幼儿有逻辑性地梳理经验，鼓励幼儿运用并创作学习导图。
逐渐向以绘画表征为主过渡。	1. 随着手部肌肉的发展，用笔逐渐熟练。 2. 愿意用绘画的方式进行记录、表征。 3. 儿童海报中，越来越多地出现绘画表征的内容。	1. 可以支持幼儿学习更多的绘画技巧。 2. 随时随地为幼儿提供纸和笔，便于幼儿随时记录。
主动与同伴交流、讨论。	1. 在制作海报时，开始主动与同伴交流。 2. 会针对海报的内容与设计进行交流讨论，并在交流后产生新的想法。 3. 逐渐出现自发的群体海报。	1. 多为幼儿提供交流讨论的机会。 2. 引导幼儿对制作好的海报进行交流、反思、复盘。

大班

特点	表现	指导建议
呈现方式更具逻辑性。	1. 思维方式从形象思维向抽象思维转化。 2. 能够抓住一些事物的特征，进行初步的分类、整合。 3. 海报中会出现较多图表，以及富含创意的学习导图。	1. 支持幼儿将表征内容进行有逻辑的梳理。 2. 鼓励幼儿自己寻找规律，不直接教给幼儿方法。
出现更为丰富的符号、图画和字符。	1. 自主表达的能力有所提升。 2. 乐于运用符号或图画记录自己的思考与探究。 3. 海报中出现了自创的符号，更为复杂的图画和一些简单的字符等。	1. 为幼儿提供自由表达的机会。 2. 引导幼儿关注符号、字符等元素，探讨其表达的实际意义。
出现丰富多彩的合作式海报。	1. 乐于与同伴交流，常出现自主引发的交流讨论。 2. 会经常分享经验，交流想法。 3. 更擅长相互合作、细致分工。 4. 活动中会出现很多群体海报。	在时间、空间、材料、经验上充分支持幼儿自主的交流、合作、探索。

二、儿童海报的种类与形式

儿童海报的种类和形式非常丰富，分类方法不尽一致。教师的关注点不同，分类的标准也会有所不同，教师可根据实际需要，对儿童海报进行灵活分类。一般来说，可以以儿童海报的内容、记录的阶段性、不同的参与个体等为标准对其进行分类。

1. 叙述性儿童海报与问题性儿童海报

依据内容，儿童海报可以分为叙述性儿童海报与问题性儿童海报。

叙述性儿童海报是指儿童以活动发生的时间、空间、人物、事件等为线索，对自己和同伴经历事情所进行的过程性记录。《幼儿园的一天》是幼儿以时间为线索，记录自己和同伴在幼儿园一天里所做的事情。

《幼儿园的一天》

幼儿在阅读绘本故事《好饿的毛毛虫》后，以故事情节为线索，制作了一张叙述性儿童海报。

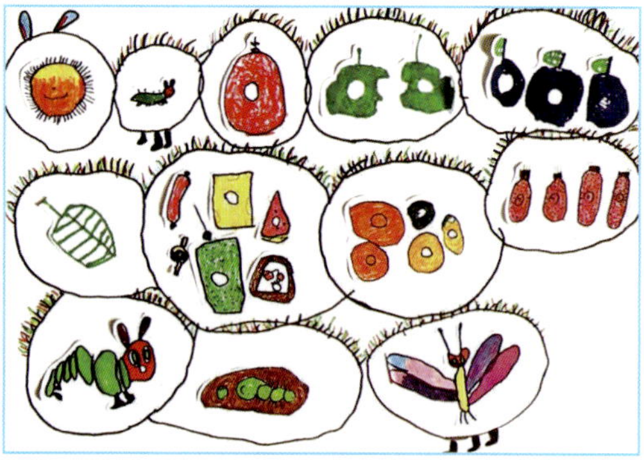

《好饿的毛毛虫》

问题性儿童海报是指儿童围绕遇到的问题，对解决问题方法的探究、事物间关系的追踪、相关素材信息的统计等进行的过程性记录。《阅读区的不同之处》是幼儿在打造班级阅读区时，参观了其他班级的阅读区并进行对比，梳理出相同和不同之处，将观察到的内容记录下来的问题性儿童海报。

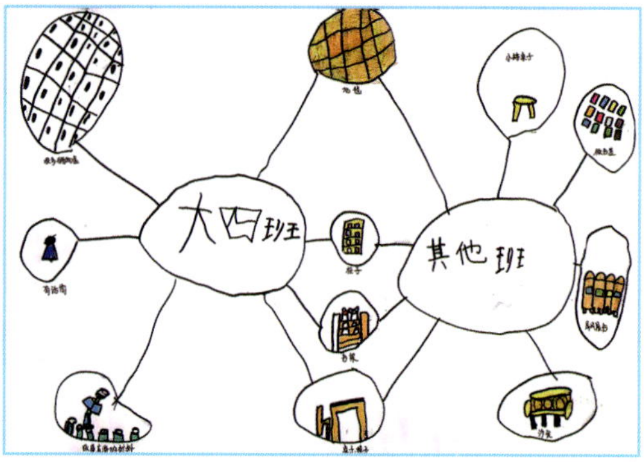

《阅读区的不同之处》

幼儿在阅读区看书时遇到了问题，为了解决问题更好地进行阅读活动，大家讨论了阅读时要遵守的规则，制作了一张问题性儿童海报《阅读规则》。

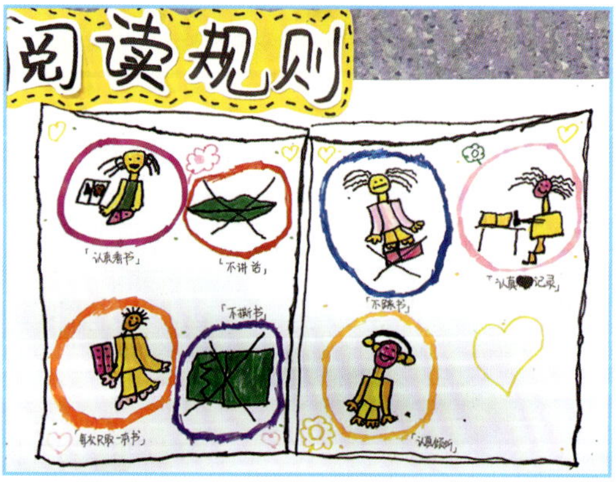

《阅读规则》

2. 片段性儿童海报与整体性儿童海报

依据儿童海报记录的阶段性不同，可将儿童海报分为片段性儿童海报与整体性儿童海报。

片段性儿童海报是指儿童对一次活动的某一部分进行的过程性记录。如幼儿在打造阅读区的活动中，讨论了“为什么不喜欢阅读区”的问题，并制作了片段性儿童海报。

《为什么不喜欢阅读区》

大班幼儿在“值日生”主题活动中，对值日生的工作进行探究时制作了片段性儿童海报《值日生的工作》。

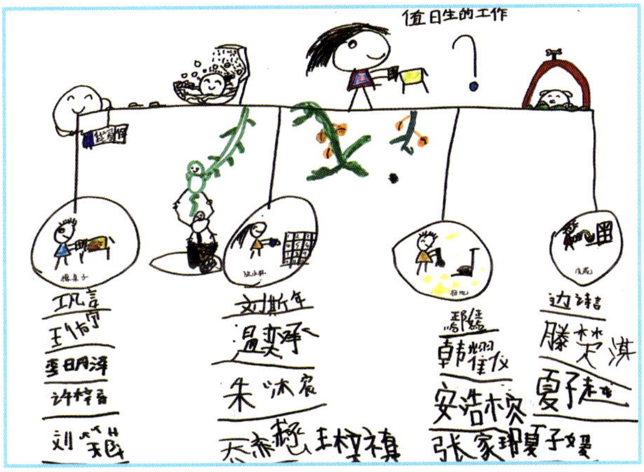

《值日生的工作》

整体性儿童海报是指儿童对一次活动的完整性回顾与记录。在班级开展主题课程“看见了南瓜”后，教师组织幼儿对整个活动的经验进行梳理总结，制作了一张呈现完整探究痕迹的整体性儿童海报《看见了南瓜》。

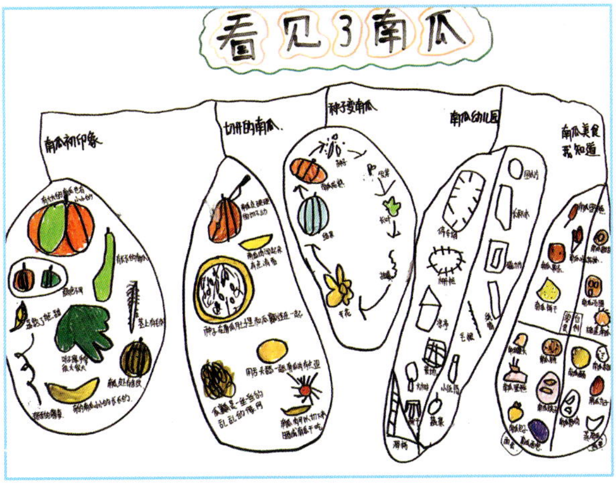

《看见了南瓜》

幼儿园开展春游活动后，教师引导幼儿进行了总体回顾，将探究过的春游地点、计划、物品准备、安全问题、美好瞬间等内容在一张大海报中完整呈现。

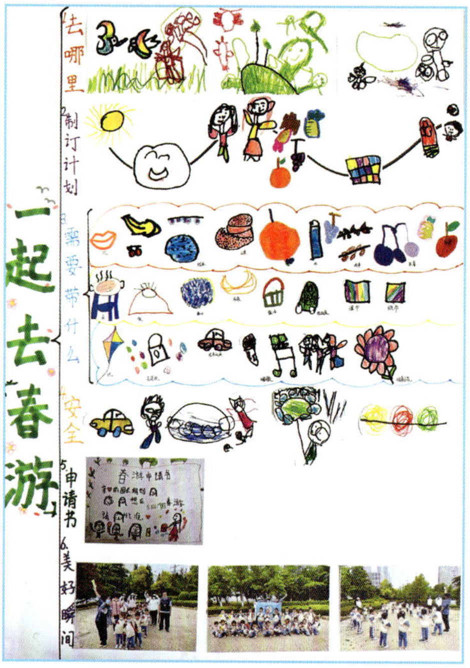

《一起去春游》

3. 个人海报和群体海报

依据儿童海报创意主体的不同，还可以将儿童海报分为个人海报和群体海报。

个人海报是由一名幼儿独立完成的。如在玩“理发店”游戏时，幼儿将做发型的流程制作成小海报。

《如何设计发型》

群体海报是由多名幼儿对问题进行交流讨论后，共同完成的海报。教师提出“妇女节可以送妈妈什么礼物？”时，有一部分幼儿对这个问题感兴趣。他们通过多次交流讨论，两次复盘，最终完成《给妈妈送什么》群体海报。

《给妈妈送什么》

群体海报可以是部分幼儿参与制作，也可以是全班幼儿共同完成。下图是全班幼儿对主题活动“我为妈妈过妇女节”进行回顾后，共同完成的儿童海报。

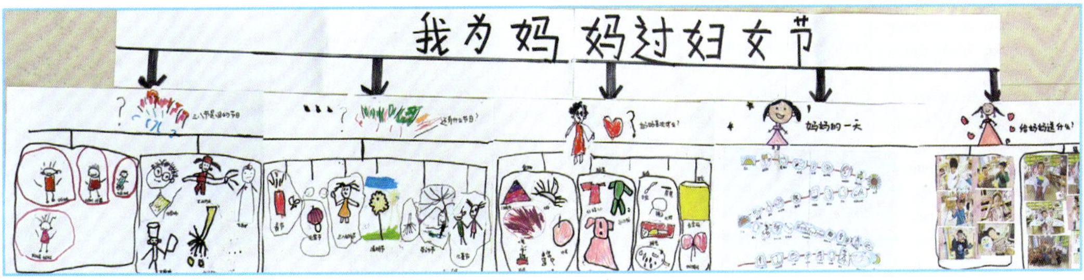

《我为妈妈过妇女节》

三、儿童海报的内容选择

儿童海报的内容来自幼儿一日生活活动中的各个环节。只要是幼儿感兴趣的、有价值的内容都可以创作成儿童海报。但儿童海报并不是越多越好，教师要根据实际情况把握生成儿童海报的重要时机，捕捉属于幼儿的精彩瞬间。儿童海报的内容可能是活动的过程、发现的问题、收获的经验、调查的结果、谈话的记录、阅读的感受、课程的经验等。

1. 从活动过程中选择

幼儿在活动过程中一定有很多感受、体验和收获，教师可以支持幼儿创作儿童海报。如在大班幼儿参观小学的活动中，幼儿活动前的猜想，活动中的发现收获，活动后的比较、感受等内容都可以作为儿童海报的内容要素。

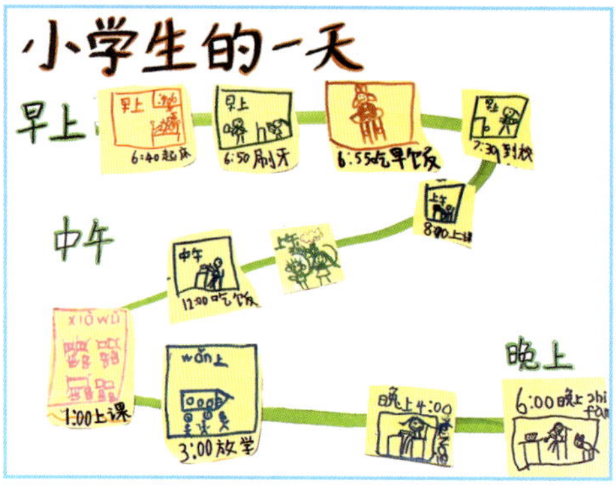

《小学生的一天》

《幼儿园和小学的不同》

2. 从发现问题中选择

幼儿在一日活动中发现了有价值的问题，通过共同探讨，解决问题。如中班有个小朋友的牙齿掉了，大家纷纷表示关心，并讨论起掉牙时要注意的事情。经过一番讨论，幼儿制作了一张儿童海报——《换牙时要注意什么》。

《换牙时要注意什么》

3. 从收获经验中选择

幼儿在游戏、活动中获得的经验，也可以成为创作儿童海报的内容要素。如开展主题活动“草莓”时，幼儿尝试从草莓果实上取种子。他们先猜想了可以使用什么工具，并将自己想到的工具记录下来，又依次进行了验证，完成了个人海报《用什么工具》。接着，幼儿在操作中遇到了一些问题。为了总结经验，幼儿进行了关于取种子时注意事项的交流，完成了群体海报《取种子注意事项》。

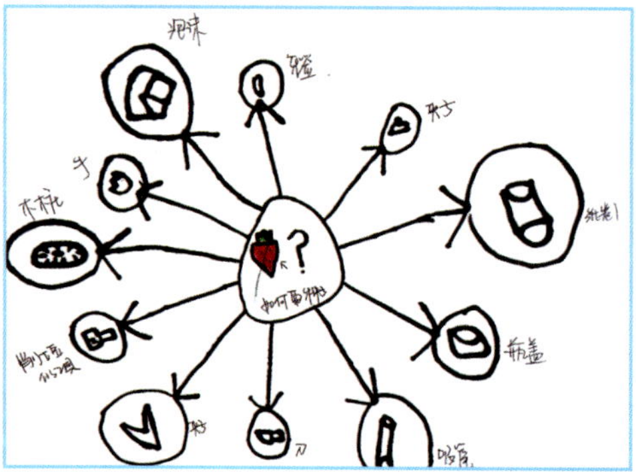

《用什么工具 》

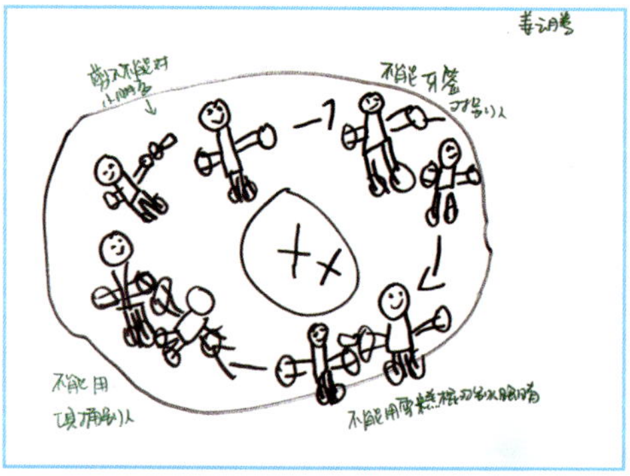

《取种子注意事项》

4. 从调查结果中选择

幼儿对一日活动中的某个话题或问题产生了兴趣，需要用调查的方式拓展经验。幼儿的调查结果是五花八门的，幼儿进行交流分享之后，这些内容可以通过海报来归类、梳理，清晰地展示出来。如中班幼儿要选值日生，几名幼儿对值日生的责任、工作内容、工作方法进行了调查，并将调查的方式和结果呈现在一张儿童海报上。

《值日生知多少》

5. 从谈话记录中选择

一日活动中，师幼、幼幼间的谈话活动经常出现。谈话活动中的有用信息也是很好的海报创作内容要素。如小班以“春天”为主题开展谈话活动，幼儿分享了很多关于小动物、植物、景色的相关经验。教师支持幼儿将自己的分享内容记录下来，汇总到一张海报上，还使用了“树状图”来进行分类，这样一张学习导图式的儿童海报就出现了。它既能将幼儿的兴趣留存，又能通过回顾海报内容，加深印象，拓展幼儿学习经验。

《找春天》

6. 从阅读感受中选择

幼儿在阅读绘本时会产生美感、推理、想象、表达欲望等，这些都可以通过输出各种儿童海报来呈现。如小班幼儿阅读《好饿的毛毛虫》后，对毛毛虫产生兴趣，他们发现毛毛虫的头是圆圆的、有 2 个触角、喜欢吃树叶、会把自己关进茧里面、会变成蝴蝶，于是师幼共同制作了关于毛毛虫的儿童海报。接着，幼儿又对毛毛虫吃的食物产生了兴趣，在教师的支持下寻找答案，完成了关于《毛毛虫吃什么》的个人小海报。

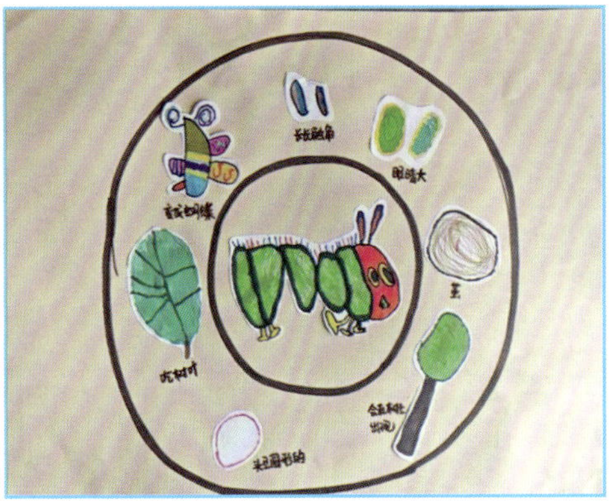

《毛毛虫的特征》

《毛毛虫吃什么》

7. 从主题课程中选择

在开展主题课程时，幼儿将自己在课程中的发现、收获、经验等内容制作成儿童海报。在探索主题课程“玉米”的过程中，幼儿围绕玉米展开了讨论，将已经知道的内容和还想知道的内容进行分类梳理并记录，制作成一张儿童海报《玉米》。

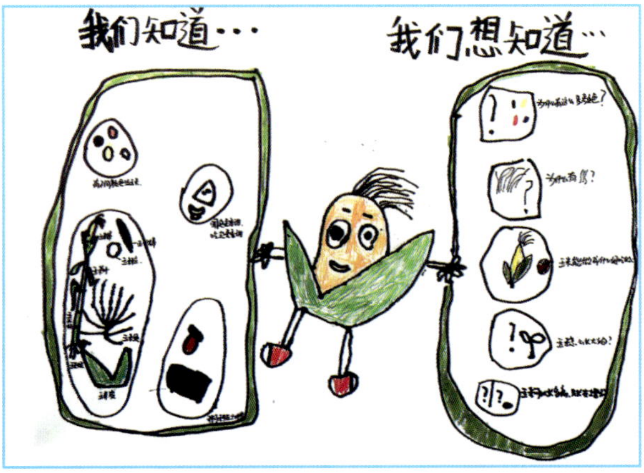

《玉米》

四、儿童海报的呈现方式

儿童海报活动中幼儿是主导者，但也要发挥教师的作用。儿童海报既需要幼儿自主完成，也需要师幼共同加工。海报的呈现方式应遵循幼儿的特点，灵活多样，并没有固定模式。以下介绍四种常用的呈现方式。

1. 创意绘画

幼儿自主选择纸张，自主设计、排版，以画符号、线条、图画的方式来创作海报。这种方式最常用、最便捷，个人、群体海报均适用。幼儿自主完成的海报，通常会以创意绘画的形式呈现。右图是幼儿在探索茶叶的活动中，用绘画的方式制作的海报。

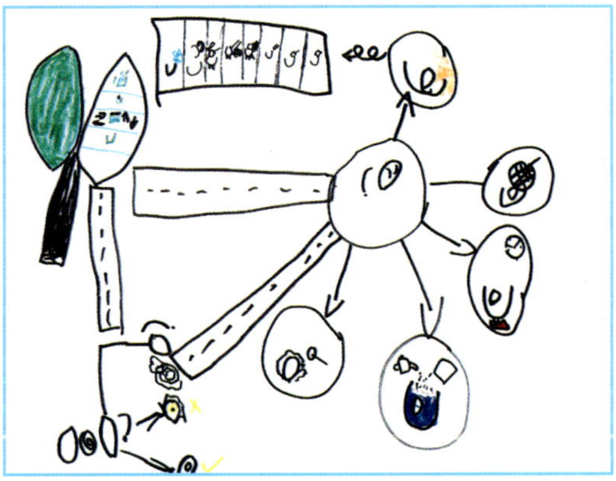

《茶叶》

2. 粘贴组合

幼儿围绕主题，运用多种材料、多种方式进行表征，将作品通过裁剪、粘贴等，组合成一张儿童海报。这种方式常用于师幼共同加工的海报。如师幼讨论草莓可以做什么美食后，共同制作了一张儿童海报《草莓美食》。

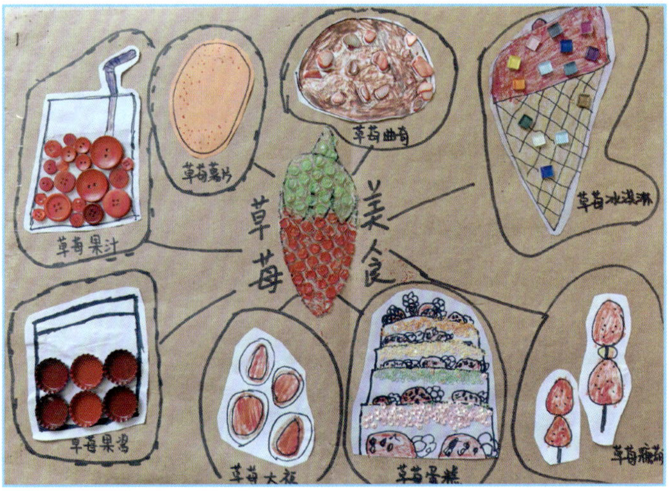

《草莓美食》

3. 提供框架

教师可根据幼儿在活动中的需求，设计海报的框架并大量留白，让幼儿既有自由发挥的空间，又能感知事物间的逻辑关系。可以将设计好框架的海报贴在墙面上，便于幼儿与墙面环境互动。这通常用于刚开始探索海报的阶段。如幼儿在阅读绘本《好饿的毛毛虫》后，对事物的分类感兴趣，师幼讨论食物的类别后，教师在阅读区墙面上贴了一张设计好框架的《食物分类》海报。

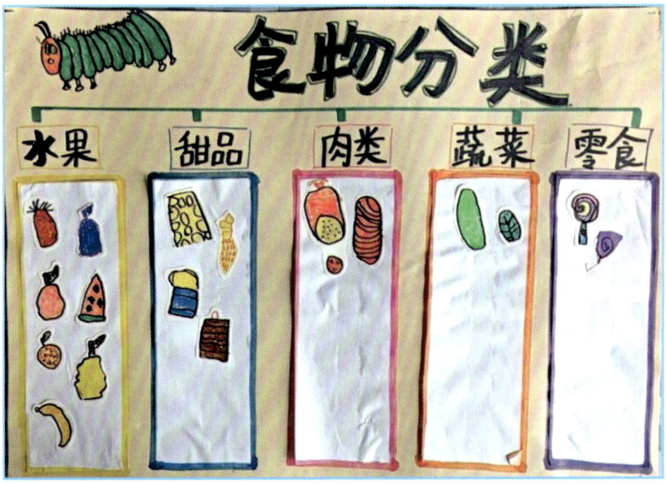

《食物分类》

4. 录制音视频

教师可以帮助幼儿录制音频或视频，并生成二维码呈现在海报上。幼儿的语言表征内容，如对海报的介绍等，都可以进行录制。音视频方便又真实，还能留存第一手资料。如幼儿制作了海报《玉米的长头发》，教师录制幼儿对海报的介绍，并将二维码呈现在海报上，幼儿可以随时扫码欣赏。

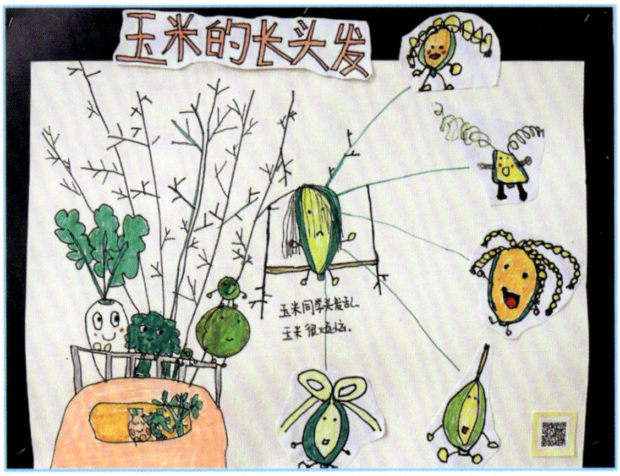

《玉米的长头发》

五、儿童海报的组织流程

儿童海报活动没有固定的组织流程。因为海报内容、形式、参与个体不同，所以海报的组织流程也有所不同。儿童海报活动通常有“确定主题—设计版面—制作海报—阶段性反思—总体性复盘”等主要环节。以上环节并不是每次海报活动都必须进行，先后顺序也不是固定不变的，教师可根据具体活动需要灵活安排。

1. 确定主题

对话是幼儿表征的起步阶段，教师要组织幼儿进行小组或集体的谈话活动，围绕幼儿的探索发现进行交流讨论，进一步丰富幼儿相关经验。教师通过谈话，捕捉幼儿的关注点，确定儿童海报的主题。幼儿有时会在活动中自发地产生创作海报的想法，教师应该追随幼儿兴趣，尊重幼儿意愿，支持幼儿自主创作儿童海报，可以省略此环节。

2. 设计版面

确定主题之后，教师可以与幼儿讨论海报的版面设计，启发幼儿运用生活中的元素、与活动内容相关的元素或学习导图来进行版面的设计，进而支持幼儿实现艺术性的表达。但不是所有的海报活动都需要这一环节，有时候根据活动需要可以直接创作，在创作中总结经验。在幼儿自发的海报活动中，这一环节可以在阶段性反思中出现。

3. 制作海报

无论是教师引发的还是幼儿自发的海报活动，教师都要结合实际情况对幼儿进行必要的支持。教师要尽可能地支持幼儿创造性地制作儿童海报，有时根据实际情况也需要师幼共同加工。教师也可以根据幼儿的年龄特点和实际需求提供框架，支持幼儿创作。教师还可以收集幼儿在日常活动中已经完成的表征作品，与幼儿一起进行梳理整合，师幼共同加工完成海报。随着幼儿能力和经验的不断变化，教师在支持幼儿制作海报方面要灵活调整策略，逐渐让幼儿做得更多。

4. 阶段性反思

儿童海报制作完成后教师要组织幼儿进行交流、分享、反思，或在组长和小观察员的带领下共同交流研讨，一起发现海报的问题，丰富海报的内容。交流后幼儿可能需要进行二次表征、三次表征，教师要支持幼儿追随海报的线索继续开展活动，争取实现“精致”“精炼”“精确”的表达。不是每一张儿童海报都需要阶段性反思，教师要根据实际需要进行判断，判断是否需要二次调整和加工。

5. 总体性复盘

一次完整的活动结束后，教师可以结合过程性儿童海报引导幼儿进行总体梳理，帮助幼儿梳理回顾在问题解决、主题探究、活动体验中收获的学习经验，并支持幼儿用脉络更加清晰完整的儿童海报来呈现。

六、儿童海报活动的指导要点

不同年龄段幼儿能力不同，教师指导方式也要有所不同。教师要结合幼儿能力和年龄特点，探索适宜的指导方法，更好地支持幼儿制作儿童海报。

1. 适当提供隐性支持

在儿童海报活动中，为更好地支持幼儿进行创造性、艺术性的表达，教师可以结合实际情况提供隐性支持。如教师可以参与到海报制作中，让幼儿欣赏教师创作的海报，让幼儿感知多样的表达方式。教师也可以鼓励幼儿欣赏班里其他幼儿的海报或其他班幼儿的海报，帮助幼儿丰富素材经验。

2. 注重幼儿表征能力的提升

教师要站在幼儿视角，充分尊重、理解、支持幼儿自由自主地表征。同时给幼儿充足的时间和条件，支持幼儿多尝试、多练习，逐渐提升幼儿的表征能力及表征创造力。随着幼儿表征能力的提升，教师逐渐将主动权还给幼儿，真正做到“教师减法”“儿童加法”。

3. 注重日常的倾听、交流、分享

教师要注重倾听幼儿，不单是一对一的倾听，也可以是一对多的倾听。经常组织幼儿交流、讨论，才能碰撞出新的想法。儿童海报制作前、制作过程中同伴间的相互交流，以及海报形成后的充分互动都是非常有必要的。教师要为幼儿提供机会，支持幼儿不断地分享、反思、交流、讨论，并有意识地归纳总结，引导幼儿注重事物间的逻辑关系。

4. 注重反思复盘

教师要不断为幼儿搭建支架，借助儿童海报促进幼儿深度学习。在儿童海报活动中教师不要忽略阶段性反思和总体性复盘。这是让海报线索延续、海报内容丰富的关键环节。尤其是在群体海报活动中，如果没有这一环节，很难生成有价值的儿童海报。

5. 注重参与主体多元性

教师、家长都可以参与到儿童海报活动中。儿童本位并不代表教师、家长不能参与，而是要支持幼儿发挥主体作用。可以鼓励多主体参与，并采用多种支持方式为儿童海报活动搭建支架，与幼儿共同探索、共同成长，碰撞出更多思维的火花。

七、儿童海报的制作技巧

儿童海报活动鼓励教师关注活动过程中的教育价值，活动过程中形成的儿童海报作品也同样至关重要。教师在儿童海报的制作方面要掌握一些技巧，以便支持幼儿生成高质量的儿童海报作品。

1. 排版具有逻辑性

制作儿童海报时排版不能过于复杂，教师可以通过递进性的指导，引导幼儿对内容进行归纳总结。问题梳理要清晰，要让排版有逻辑性，而不是凌乱的拼凑。

2. 边框简单明了

儿童海报要注重探究内容的呈现，海报边框不要过于复杂，要减少装饰性修饰。不过分强调美观，要给予幼儿更大的空间进行创造性的表达。

3. 适当留白

儿童海报的版面可以适当留白，针对不同年龄段幼儿，留白的方式也不同。留白可以是空白，也可以是表格、便利贴等，使幼儿随时都可以翻看、观察、思考、绘画、记录、交流，让幼儿有机会学习海报中的内容并进行充分的互动操作。

第三章
儿童海报活动的观察与评价

根据《评估指南》要求，教师要认真观察幼儿在各类活动中的行为表现并做必要记录，根据一段时间的持续观察，对幼儿的发展情况和需要做出客观全面的分析，提供有针对性的支持。儿童海报活动中，教师的观察与评价至关重要。教师要有目的地观察，并进行有效的回应和适宜的指导，才能为幼儿的海报创作搭建支架，帮助幼儿明确探究方向，不断延续幼儿的探究兴趣。

一、观察与评价的基本原则

儿童海报活动的观察与评价是一项科学的教育工作，应该遵循基本的程序与准则，具体如下。

1. 科学性原则

对儿童海报活动的观察与评价，要按一定的标准，运用科学的方法来进行。观察和评价的标准可参照《指南》中列出的幼儿相关能力的要求以及《幼儿园教育指导纲要（试行）》中的相关精神，并根据具体情况进行灵活调整。

2. 客观性原则

教师在对儿童海报活动进行资料收集及分析时，应在专业理论的指导下做出客观评价，尽可能地避免主观臆断和主观偏向。

3. 主体性原则

参与儿童海报活动观察评价的主体不局限于幼儿，而是多元的，教师、幼儿、家长、管理部门，都可以从不同角度给予活动建议。

4. 真实性原则

采用多次观察、多人观察的方式，将访谈与观察相结合，深入了解幼儿外显行为背后的心理需求和思维特点。

二、观察与评价的内容

根据儿童海报活动对幼儿发展的价值及幼儿在制作海报中的经验变化，可以从幼儿的表征能力、语言能力、社会性、学习品质、情感发展等五方面来确定儿童海报活动中观察与评价的基本内容。

幼儿参与儿童海报活动的评价指标

一级指标　二级指标　三级指标

一级指标	二级指标	三级指标
幼儿参与活动行为	表征能力	·能运用语言、绘画、书写、动作等多种方式进行表征 ·能运用简单的符号进行表征 ·表征内容完整、丰富 ·能运用统计表、记录表、学习导图等进行表征 ·有一定的艺术性，能运用一些元素，进行版面设计
	语言能力	·能注意倾听其他人讲话 ·能积极表达自己的想法和观点 ·能清楚讲述自己或群组的海报内容 ·听不懂或有疑问时，能主动提问 ·愿意表达自己对事物的理解
	社会性	·能主动发起儿童海报活动 ·在活动中愿意出主意、想办法 ·有自己的想法，敢于坚持己见 ·能与同伴分工合作，共同完成海报
	学习品质	·乐于想象、创造 ·遇到困难时，不轻易放弃 ·有问题愿意尝试用自己的方式解决
	情感发展	·乐于参加儿童海报活动 ·乐于与同伴交流、讨论 ·乐于用自己的方式表达表征

三、观察与评价的方法及应用

在儿童海报活动中，因参与主体及探究方式和内容的不同，教师可以在确定观察和评价的内容后，灵活选择方式方法，灵活运用观察工具进行观察。以下介绍几种在儿童海报活动中常用的观察与评价方法。

1. 行为检核法

行为检核法是指观察者依据一定的观察目标，事先拟定所需要观察的项目，并将它们排列成清单式的表格，再根据检核表内容检视幼儿行为的一种观察方法。行为检核法具有较强的实用性和便捷性，它几乎不受情境影响，教师可以随时随地对幼儿的行为进行观察记录。

在儿童海报活动中教师想要了解幼儿参与活动的基本情况，如幼儿在活动中是否运用了符号、表格、学习导图等表征方式，能否倾听他人的意见，能否表达自己的想法，能否发现和提出问题，能否与同伴合作，能否自信地表达等，都可以运用行为检核法。一般来说记录结果是二选一，也就是使用“有”或“无”、“是”或“否”来进行记录。教师确定观察维度之后，可以将每一维度分解为可观察到的具体行为。比如，在观察幼儿运用符号的情况时，教师将其分解为可观察到的具体行为：“不会运用符号”“会运用简单符号”“会运用多元化符号组合”，再进行幼儿具体行为的检核。

【观察案例】

观察时间：2023 年 4 月 19 日　　地点：中一班教室　　幼儿年龄：4 岁

观察目标：了解幼儿制作儿童海报时自主运用符号的情况。

记录人：张老师

幼儿姓名	不会运用符号	会运用简单符号	会运用多元化符号组合
幼儿 1		√	
幼儿 2	√		
幼儿 3		√	
幼儿 4			√
幼儿 5	√		
……	……	……	……
合计	7	12	4

分析与评价：

从表格中可以看出，全班幼儿中完全不会运用符号的人数是 7 人，占比约 30%；会运用简单符号的人数为 12 人，占比约 53%；会运用多元化符号组合的人数为 4 人，占比约 17%。由此可见，约 70% 的幼儿能在儿童海报活动中运用符号，主要以运用简单的符号为主，只有个别能力强的幼儿可以创造性地运用多种符号。对于刚进入中班的幼儿来说，整体表征水平较高，全班幼儿基本具备灵活运用符号进行表征的能力。其中，7 名完全没有用符号表征的幼儿都是参与海报制作活动经验较少的幼儿。其他 4 名能将符号进行组合运用的幼儿，基本是海报活动的发起者，擅长以绘画的方式梳理经验。可见，幼儿运用符号的能力是可以通过参与相关的活动进行有效提升的。

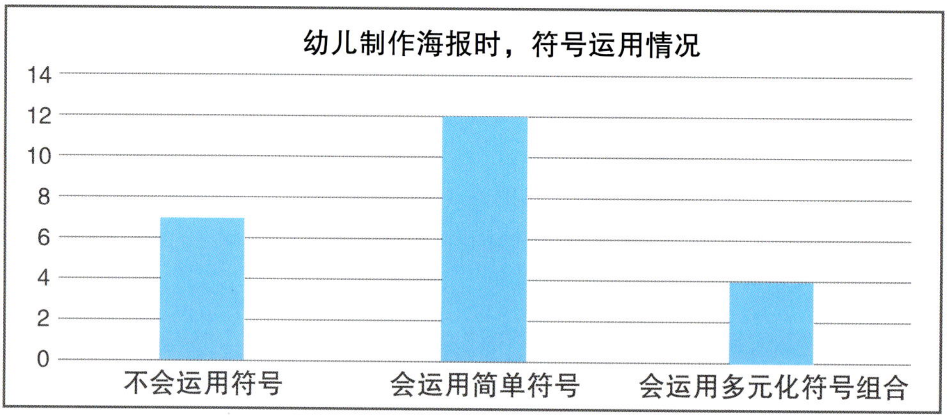

教师支持策略：

·引导幼儿关注海报中的符号。对中班幼儿来说，运用符号难度不大，只是有些幼儿还没有发现这种记录方式。可以引导不会用的幼儿注意符号的作用，如在海报活动复盘的时候一起讨论运用符号的好处。

·请能力强的幼儿介绍自己运用的符号及含义，使幼儿间相互学习、借鉴。

·在教学活动中有意识地运用符号，丰富幼儿经验。

【注意事项】

第一，在儿童海报活动中，行为检核法可以与其他方法结合使用。由于行为检核法不能对幼儿的行为进行详细的记录，所以教师发现有意义的行为时，再使用其他方法（如轶事记录法、事件取样法等）进行深入、细致的观察记录。

第二，行为检核表是教师事先将可能出现的行为作为检核项目，但在儿童海报活动中幼儿的行为难以被全部预测。当幼儿出现了非预测的行为时，教师可以调整表格内容，进行二次观察记录。

2. 轶事记录法

轶事记录法是指观察者将自己感兴趣，并认为有价值、有意义的幼儿行为和反应以及可表现幼儿个性的行为实践，用叙述性的语言记录下来的一种观察方法。它便于分析幼儿行为，方法简单、灵活，可随时记录，得到的素材也详细、具体，便于分析。

在儿童海报活动中，教师可通过此方法来记录幼儿在制作海报过程中出现的有意义的行为。如幼儿能不断表达自己的想法，主动与同伴进行交流探讨，遇到问题尝试用自己的方式解决，乐于想象创造等亮点，教师都可以随机捕捉并运用轶事记录法来详细记录。在使用行为检核法之后，教师需要对目标行为进行详细的观察与分析时，也可以使用轶事记录法。轶事记录法可以是有具体目的地观察特定行为，也可以没有特定目的，只要觉得有意义就可以进行观察记录。

【观察案例】

几名幼儿在制作海报时，教师发现小妤滢表现非常活跃，能大胆与教师互动，自信地表达自己的想法。教师对小妤滢的言行进行了详细的观察与记录，通过分析了解小妤滢的能力发展情况，为小妤滢在儿童海报活动中提供必要的支持。

<table>
<tr><td>观察对象：小妤滢</td><td>观察时间：2023 年 6 月 17 日</td></tr>
<tr><td>观察地点：中三班教室</td><td>记录者：刘老师</td></tr>
<tr><td colspan="2">观察记录：
“看见了南瓜”班本主题课程推进了两周，今天大家一起讨论关于南瓜的美食有什么。幼儿把自己知道的南瓜美食进行了表征。小妤滢拿起笔一口气画了四种：南瓜冰激凌、南瓜面条、南瓜蛋糕、南瓜饼干。大家把画好的纸贴到了黑板上，小妤滢说：“太乱了，这样太乱了。”我问她：“你能不能想个办法把大家的画整理一下？”她说：“我们做大海报吧。”我说：“这可是个好主意，大海报怎么做呢？你带领小朋友做吧。”她说：“我也不知道怎么做。”我说：“现在大家已经给出来了答案。这么多吃的，要怎么放大家才能看得清呢？”她说：“那必须分类。”“分类之后呢，这么多吃的放在哪里？”我追问道。她说：“放个大盘子里不就行了吗？”我说：“你这主意太棒了。”于是她画了一个大盘子，把小朋友的美食分类后放了进去，制作了一张有创意的群体海报。

</td></tr>
</table>

分析： 1. 从小妤滢的表征中可以看出，她能用绘画来表达自己的想法，并且表达得比较丰富，绘画能力较强。她想到了四种南瓜食物，说明她有相关的经验和积极思考的好习惯。 2. 她是一个十分干净整洁的小女孩儿，做事有条不紊。小朋友乱放的表征引起了她的不适，在教师的引导下，她能想出整理大家表征并做成群体海报的问题解决办法。 3. 当她遇到问题时，教师给予的支架支持推动了她更深入地思考与行动，她用已有的生活经验来解决这个问题。用一个大盘子装下了所有的食物，合情合理，问题解决得非常巧妙。
行为跟进措施： 1. 正面评价她的好方法、好习惯，并鼓励她与大家分享经验。 2. 支持她继续用自己的创意想法，制作属于自己的儿童海报。 3. 支持她继续作为小组长，带领大家对制作好的海报进行交流、复盘。

【注意事项】

第一，记录时避免影响师幼互动。教师如果在活动开展过程中，随意拿出纸笔进行幼儿行为的详细记录，必然会干扰师幼互动，甚至导致活动中断。若完全依靠事后回忆，记录的结果与实际会有一定的出入。因此教师可以准备一些便笺随时记录关键信息。

第二，避免主观偏向性。教师记录的内容容易受到个人主观偏见的影响。教师很可能会根据自己的喜好对所观察到的幼儿行为进行筛选。教师要结合观察计划，有目的地进行全面观察指导。

第三，记录的内容要客观、完整，尽量在用词上做到描述具体、清楚明了、通俗易懂。

3. 事件取样法

事件取样法是指观察者以特定的行为或事件的发生为取样标准，对目标行为进行观察记录的一种方法。

在儿童海报活动中，通常是教师对幼儿参与活动的行为进行检核之后，确定目标事件，再进行详细的取样观察。如幼儿与同伴间的互动、交流、合作，幼儿在遇到问题尝试解决的过程中，不断运用符号、表格等表达自己的想法和观点，教师都可以运用事件取样法来观察记录。教师可以将目标行为的表现进行分类并用一系列的符号标注好，用符号来记录，也可以用文字描述的方式记录幼儿的目标行为。

【观察案例】

在自主打造阅读区的活动中，幼儿间的互动频次增加，小梁在活动中很活跃。教师为了解小梁在活动中与其他幼儿互动的具体情况，进行了观察记录。选用了事件取样法，更精准了解幼儿解决问题与协商合作等能力的发展水平。

幼儿姓名：小梁　　性别：男　　年龄：6 岁

观察日期：2023 年 6 月 28 日

观察目标：小梁在语言区图书分类活动中的同伴互动情况。

开始时间：8 点 30 分　　结束时间：9 点 10 分

观察地点：大班教室语言区　　观察者：王老师

时间	互动对象	互动过程
8:30−8:45	小边、欣梓	小边坐到小梁旁边，对小梁说："要想把图书分类，咱们得把书都看一遍才能知道这些书都是什么内容。"欣梓说："这么多书要是全看完需要很长时间。"小梁说："咱们可以把知道的先分类，剩下的可以看封面图案还有书背面的介绍。"他们一起将图书按类别放在了地垫上。
8:45−8:50	笑笑	笑笑对小梁说："我们怎样给书做标记呢？"小梁说："可以按颜色给书分类，跟阅览室里的书一样。"笑笑说："可以给同一类书贴相同的图案。"
8:50−9:00	小边、欣梓、笑笑	小梁、小边、笑笑、欣梓一人拿着一摞书，小梁对大家说："我这些是动物类的书，贴橙色爱心图案。"笑笑说："我用红色爱心表示。"小边说："那我用红色小花吧。"欣梓说："我这些都用蓝色圆圈吧。"他们把图案贴在图书封面上。
9:00−9:10	小边、欣梓、笑笑	小梁把分好类的书放在书架上，又在书架上贴上橙色爱心标志。欣梓说："别的小朋友不知道这些都是什么类的书怎么办？"小梁说："咱们在一张纸上画上不同书的标记，贴在墙上给别的小朋友看吧。"小边拿来一张纸并把图书分类的图案画在上面。
分析	小梁在与同伴互动中，扮演发起者的角色，经常向同伴发起互动。在 40 分钟的区域游戏时间内，小梁至少发起了 4 次有效互动。活动中，小梁带动区域内的小朋友开动脑筋，一起思考并解决图书分类的方法。他们能将阅览室图书分类的经验迁移到班级语言区。面对较多数量的图书，小梁并没有退缩而是提出建议，按照图书封面图案和图书背面的介绍帮助大家快速地分类。在对图书做分类标记的时候，小梁起到了示范的作用，他在书上贴上橙色爱心图案，激发了其他小朋友为图书做标记的兴趣。以上说明小梁具有良好的问题解决能力。	

评价	小梁在同伴互动中经常是主动发起者，有较好的问题解决能力，并能提出恰当的意见。小边、笑笑、欣梓能够在小梁的带动下跟着发现问题、解决问题，他们能够相互学习，认真倾听同伴的建议，同时也能主动提出自己的想法，通过同伴间的相互学习，最终完成了图书的分类和图书标记。游戏后，幼儿能够考虑到其他没有参与到活动中的小朋友，通过绘画表征的方式一起做了图书分类的提示图。
建议	1. 游戏后，可以请这几名幼儿带着表征图示将自己的游戏经验与发现等跟班级小朋友进行分享，促进幼儿间的相互学习。 2. 小梁在与大家的互动中，能发现问题，引领大家，可以在接下来的活动中，请他担任小观察员的角色，带动小组活动。 3. 在相关的海报活动中，可以请小梁带领大家制作群体海报。

【注意事项】

第一，事件取样法具有省时、高效、完整的特点。教师需要预先制作观察记录表，根据预先确定的目标将目标行为划分类别和下操作性定义。

第二，教师要注意关注事件发生的具体背景。教师在使用事件取样法进行观察时，只要行为事件发生就进行记录，而发生的这些行为在不同的情境下，可能具有不同的性质和意义。因此教师应特别注意对事件发生的背景进行记录、描述和分析。

4. 作品分析法

作品分析法是观察者通过作品分析被观察者的发展水平和心理特点的方法。儿童海报活动中幼儿的海报作品，常常是教师进行分析与评价的素材。教师可以从幼儿的海报作品中，分析幼儿的表征能力、发展情况、心理特点等。

【观察案例】

在饲养角游戏中，师幼共同寻找了适合小兔子吃的食物。幼儿通过游戏前的猜想，游戏后的回顾，绘画出游戏海报。借助作品分析法，教师从表征行为、社会合作、学习品质及习惯等方面对幼儿进行观察和分析，了解幼儿的发展水平。

观察教师：韩老师	**观察对象：**小沐然
观察时间：2023 年 9 月	**幼儿年龄：**4 岁
观察目标：通过幼儿作品的变化，了解幼儿在海报活动中的经验变化情况。	

（续表）

幼儿海报：	分析与评价：
第一次表征：《小兔子吃什么》 	从幼儿第一次表征来看，幼儿能用简单线条清晰表达出自己的发现。能够通过两个云朵圈，表示小兔子喜欢和不喜欢吃的食物，有初步的区域划分意识。相对于同龄幼儿来说，小沐然的表征能力比较强。但海报的内容比较单一，可见幼儿的探究经验不够丰富。教师接下来可以继续支持幼儿在实践中丰富经验，并尝试实践体验。
第二次表征：《小兔子吃什么》 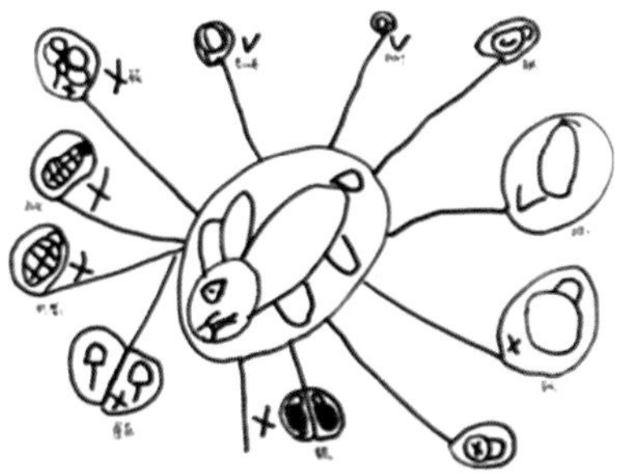	通过教师的启发，幼儿的第二次表征有了明显变化，海报的内容丰富了很多，并且能够运用简单的学习导图来进行规划、分类。画面中出现“×”和“√”，说明幼儿与海报有了进一步的互动，对自己的猜想进行了验证。幼儿能通过海报呈现自己的探究过程，内容丰富，呈现方式清晰，还可以看出幼儿能运用圆圈和直线表示小兔子吃什么。
第三次表征：《小兔子吃什么》 	通过师幼间的谈话，教师引导幼儿想一想自己的好吃的放在哪里。结合生活实际，从幼儿的第三次表征中可以看出，幼儿已经有很好的思维想象力，在绘画海报的时候联想到了艺术性的元素，将食物陈列在柜子上面，并且进行了分类，还运用笑脸和问号两种符号表示喜欢和猜想。同时幼儿表征线条的连贯性也更好，能够运用多种符号进行表征。但是幼儿对于物体细节或者特征的表征能力还需要加强。
总体评价： 通过小沐然三次表征的海报可以看出，小沐然的表征能力强于同龄幼儿，具有乐于想象和积极主动创作的良好品质。小沐然能够运用绘画、语言等多元化的方式进行表征。幼儿在海报布局规划方面也从零散逐渐趋向于有意识地构图，并且大胆地与实际生活相联系，出现了可爱的艺术性元素。	

【注意事项】

第一，对儿童海报的分析不同于对其他作品的分析，儿童海报活动中教师是充分参与的，对幼儿活动过程也比较了解。所以，教师可以结合幼儿参与活动的情况进行全面分析。

第二，教师单纯对幼儿作品进行分析，结果可能会比较片面。这种方法可以作为其他观察方法的辅助和补充，让观察更系统、更准确。

四、观察与评价的基本流程

教师要对观察的流程有一个基本的预设，尤其是要对观察目标与内容有一定的把握。这能够让教师在观察过程中排除无关干扰，专注于问题本身。

1. 确定观察目标

首先，根据幼儿对制作海报的已有经验及教师在教学中的实际需求，结合《指南》的目标和《评估指南》的考察要点，参照儿童海报活动的观察内容，最终确定观察目标，从而进行有目的的观察。

2. 制订观察计划

观察目标确定后，教师可制订简单的观察计划，确定观察对象、观察时段、观察地点、观察任务及观察行为，确定观察方法及记录方法，确定观察实施的步骤，思考观察时应注意的问题等，做好观察前的准备。

3. 准备观察工具

观察工具是否齐全，往往会影响观察的成败。只有周密地准备，才有可能准确地搜集观察材料。在儿童海报活动中，一般需要准备的工具有观察记录表、便利贴、摄像设备等。观察和记录的方式可以多样，教师应根据实际情况选择最合适的方法和工具，观察内容记录尽可能详细、客观，以便后续分析总结。

4. 分析观察材料

教师经过一段时间的全方位观察后，要客观地对观察材料进行分析，以便最大限度地了解幼儿行为。有时候教师还会根据需要，延长观察的时段，继续验证分析的结果。教师应对幼儿的学习经验、行为习惯、学习品质等方面的变化进行分析。同时，教师还应该分析自己的支持方法和策略，以便不断改进和提高在儿童海报制作方面的教育水平。

5. 明确支持策略

教师对儿童海报活动进行观察的目的，是了解幼儿在海报活动中的经验变化和幼儿间不同的发展水平，进而明确可持续跟进的方向。这有利于教师总结精准有效的支持策略，更好地支持和指导幼儿的海报活动，将幼儿的海报活动一步步推向深度学习。

第四章 儿童海报活动案例精选

基于内容丰富、形式自主的一日生活活动，儿童海报的创生也是多形式、多角度的。本章重点挑选了几个幼儿在多元活动中制作儿童海报的案例，呈现了幼儿充分探究体验后，通过制作儿童海报来总结发现、梳理经验的过程。教师在对儿童海报的交流反思中，回顾和关注活动本身，不但有效推动游戏活动，同时穿起了幼儿在活动中的学习链。在儿童海报活动中教师有引发和带动的作用，必要的支持互动让活动顺利开展，基于幼儿经验变化的反思与指导策略的调整，让儿童海报活动更具深度和意义。

小班

案例 1：我为妈妈过妇女节

对小班幼儿来说，妈妈是他们最熟悉和亲近的人。国际劳动妇女节来临之际，班级开展“我为妈妈过妇女节”主题活动，支持幼儿通过活动了解妇女节、感知妈妈的辛苦、尝试表达对妈妈的爱。教师捕捉幼儿兴趣点，和幼儿共同确定主题活动内容。活动开展过程中，教师站在幼儿视角，支持幼儿表征活动内容，引导幼儿借助主题海报的多种形式，关注妈妈的生活点滴和对自己的爱，并尝试向妈妈表达爱，让彼此的爱都互相看得见。

在“我为妈妈过妇女节”这一主题活动中，共产生 5 张活动海报和 1 张汇总海报。5 张活动海报分别是《妇女节是谁的节日》《我的妈妈喜欢什么》《还有什么节日》《妈妈的一天》《给妈妈送什么》。因为小班幼儿自我意识与总结归纳能力还不强，所以活动中教师遵循幼儿经验及心理发展水平与能力，勾勒出前 4 张海报的发展线索，引导启发幼儿自然创生出第 5 张儿童海报。

何呈现思考的过程，这是非常大的进步。教师提议大家先讨论，使得幼儿对目前几种海报呈现方式的认知又加深了一些：“原来呈现海报时要思考怎样设计才合理！”这是前几次教师和幼儿一起做海报时，幼儿没有获得的经验。他们最后共同决定用括号图。在这个过程中，幼儿的逻辑思维能力迅速提高，海报制作经验得到了丰富。他们选出一名幼儿来主笔，用括号图将送给妈妈礼物的类别标出来，然后对自己的表征进行分类粘贴。这推动了幼儿自主学习与发展，儿童主题海报制作从师幼海报阶段进入到幼幼主题海报阶段。

6. 主题汇总

课程结束后，教师追加了一张群体海报。没有复杂要求，只要求小组协作，简单回顾，共同梳理。经过师幼共同的总结提炼，海报内容相对完整，也促进了幼儿深度学习发展。

教师反思

1. 主题海报内容的产生，要基于幼儿经验、价值甄别、师幼共商

教师在立足于幼儿的经验并与幼儿交流协商中发现，幼儿对妈妈的印象停留在单一的、表象的特征上，未能有意识地深入体验并整合妈妈生活的点滴。因此，对幼儿来说，妈妈还有着许多不为人知的一面。教师如何在有限的单维的海报空间上对幼儿的已有经验进行统合，并借此追踪探究自己抛出的问题，成为活动推进的关键。师幼对话以及幼幼交流讨论环节就是教师要关注的重中之重，看似任由幼儿漫不经心地讨论，但是教师要自然地引导幼儿筛选、过滤观点，最终让幼儿在与同伴之间的磋商中精炼自己的探索目标，确定自己的海报呈现内容与方式。

2. 良好的师幼互动关系，可以推动儿童海报的发展

在主题海报的衍生与发展过程中，我们发现儿童海报的绘制要给予幼儿的不仅仅是架构方法技能，更重要的是思想与行为的自由自主。幼儿在进行各种表征的时

候，不刻意要求或强调用海报形式呈现。幼儿的不足、不会、不想，教师都要包容，不忽视幼儿的情感态度，重视幼儿自我主张的宝贵性。教师要以潜移默化的方式让幼儿感受到海报的方便快捷、海报的好玩有趣，使幼儿喜欢这种表征方式。高控行为下教师的“硬教”，只会导致儿童海报呈现千篇一律的复制行为。

3. 常思常学常探，让儿童海报精益求精，走深走实

儿童海报让幼儿的思想看得见，幼儿的学习看得见，幼儿的经验看得见，幼儿的愿望看得见。在制作儿童主题海报的过程中，我们观察到，幼儿会有意识地发现问题，利用自己的已有经验，通过看、听、问等多种途径收集材料并进行创造，养成了收集、整理、记录的良好习惯，提升了社会交往、语言表达、艺术表现等能力，发展了敢于探究、认真专注、同伴合作、想象与创造等学习品质。

案例 2：好饿的毛毛虫

《好饿的毛毛虫》这本绘本绘图颜色艳丽，故事情节有趣。可爱的毛毛虫、生活中常见的各种水果，还有美丽的蝴蝶，这些都是幼儿熟悉又喜欢的。教师通过多次绘本阅读活动，引导幼儿感知毛毛虫的生长过程，了解毛毛虫喜欢吃的食物，懂得食物的简单分类，尝试复述绘本故事和创编故事。活动开展的过程中，教师依据幼儿的兴趣点、关注点，支持幼儿创造性表征，借助多种形式的儿童海报，鼓励幼儿大胆地交流探索、发现问题、总结经验。

在“好饿的毛毛虫”这一主题活动中，共生成了 3 张群体海报和多张个人海报。3 张群体海报分别是《绘本中我喜欢的内容》《食物的分类》《毛毛虫和蝴蝶吃什么》。幼儿的个人海报内容丰富，有关于食物分类的，有关于毛毛虫怎么变成蝴蝶的，有关于水果点数的……由于小班幼儿总结和归纳的意识不强，因此群体海报均是师幼共同创作的，教师在海报活动中参与交流，并提供了框架支持。随着幼儿经验的变化，儿童海报画的创作会逐渐向幼儿主导设计创作过渡。

1. 绘本中我喜欢的内容

初次阅读这本绘本，毛毛虫的形象就深受幼儿的喜爱，他们还将可爱的毛毛虫画出来。当我们进一步交流时发现，幼儿说出了很多毛毛虫的特征：眼睛大、有触角、爱吃树叶、会变蝴蝶……为了将幼儿的发现更加直观、可视地呈现，我们支持幼儿将自己的发现用海报的形式表征出来，并汇总到一起。起初幼儿创作的海报是凌乱的，但是内容很丰富。于是我们和幼儿一起想办法将内容重新规划。在教师的支持下，幼儿用圆圈来划分区域。一个小圆圈当作毛毛虫的房子，再画一个大圆圈，里面是想到的与毛毛虫相关的一切。这种方式使幼儿很容易理解，海报的内容也清晰了很多。

2. 食物的分类

再次阅读绘本，幼儿对“毛毛虫喜欢吃什么？”产生了兴趣。围绕这个话题，进行了小组讨论，幼儿想到的食物五花八门。他们发现毛毛虫喜欢吃水果，不喜欢吃肉；喜欢吃树叶，不能吃太多甜食，否则会肚子疼。在讨论中，幼儿对食物的分类产生了兴趣。为了支持幼儿继续探究这个问题，我们为幼儿提供了一张带有不同颜色方块的海报框架图，粘贴到阅读区的墙面上，支持幼儿将自己想到的食物表征出来，并与这张海报进行互动，尝试将食物分类。借助教师给出的框架，幼儿知道可以用不同颜色表示分类，于是又创作了自己的食物分类海报。

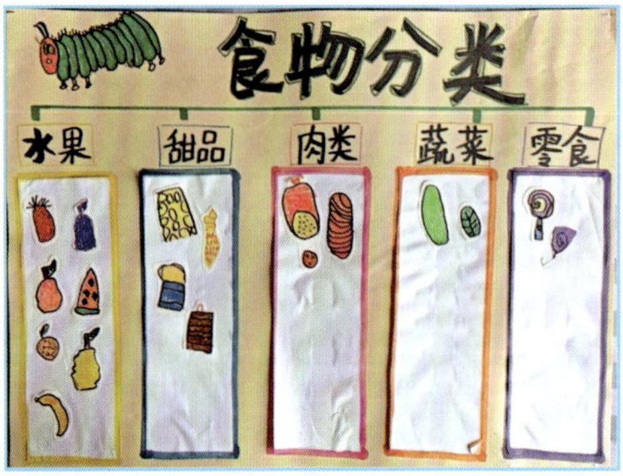

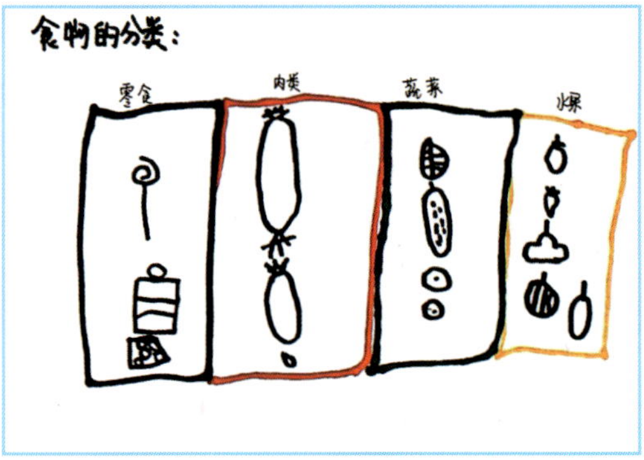

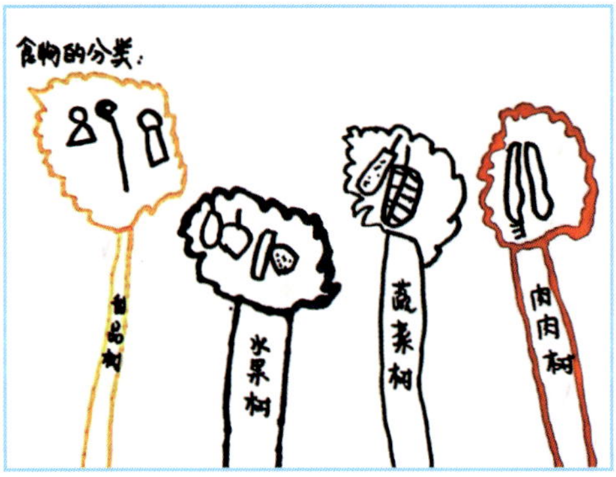

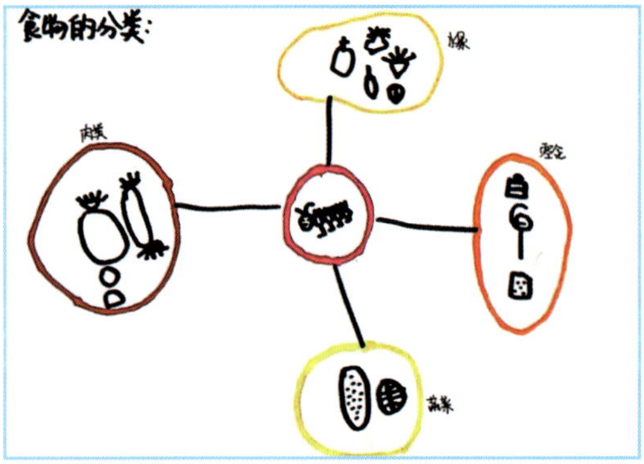

3. 毛毛虫怎么变成蝴蝶

“毛毛虫为什么会变成蝴蝶？”“它是怎么变成蝴蝶的？”这个神奇的过程，引起了幼儿的关注。教师先鼓励幼儿去绘本中寻找答案；再和爸爸妈妈一起去找找相关资料。这次教师向幼儿提出了要求：“你的小海报，你做主，要想让它与众不同，你可以设计一下，让它有好看的造型。”于是幼儿展开想象，形成了气泡图和蝴蝶图。

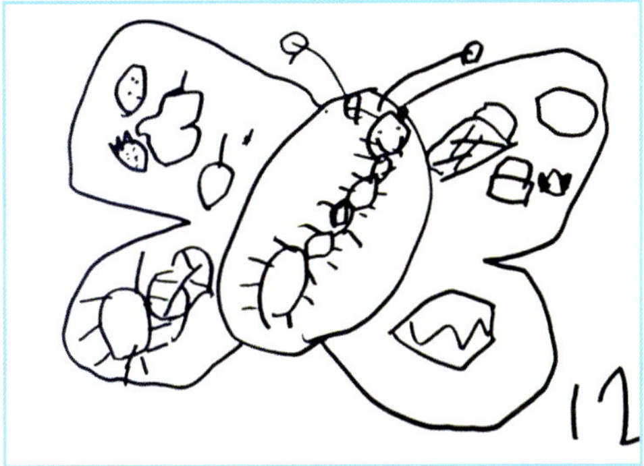

4. 毛毛虫和蝴蝶吃什么

了解毛毛虫如何变成蝴蝶后，幼儿又提出了一个问题：“毛毛虫变成蝴蝶后，吃的东西有变化吗？”对于这个问题，教师追问幼儿：“谁有好办法能解答这个问题呢？”于是，一场关于蝴蝶吃什么的调查活动开始了。幼儿回家进行了调查，我们分享交流幼儿的调查结果，向幼儿提供了一张更有难度的留白海报，上面还出现了一些圆圈和箭头。有了前期的经验，幼儿逐渐知道圆圈和箭头可以用来表示分类和归纳。

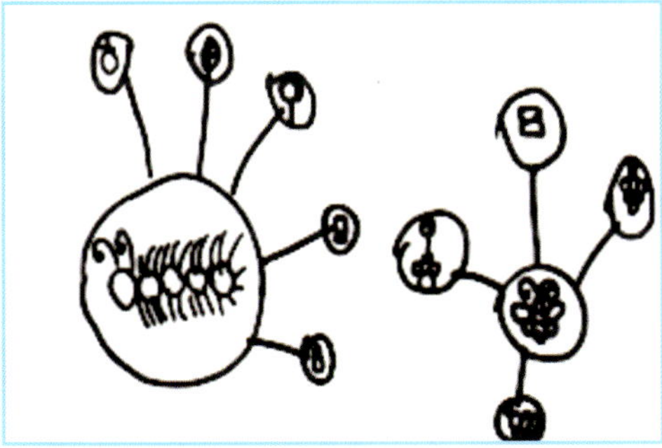

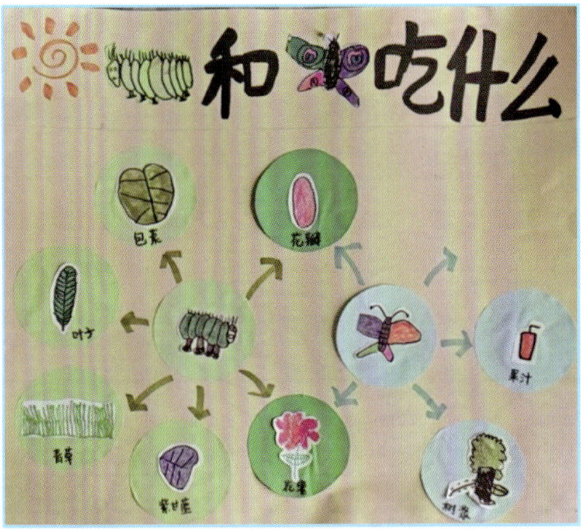

程的小海报中，教师可以看出幼儿独特的创作能力，同时也可以发现幼儿逐渐理解了分类和整合的意义。

3. 借助海报中的留白，助推幼儿自主学习

教师提供有框架、大量留白的海报，让对海报没有概念的小班幼儿与其互动，让幼儿先关注，再模仿，最后创造，一步步逐渐形成自主设计创造的海报。幼儿在阅读完故事后发现了许多有趣的内容，这时教师提供了一个带有框架的海报，鼓励幼儿将自己的发现记录在上面，并由幼儿分享讲述故事中的有趣内容。如幼儿提出“蝴蝶吃什么？”时，教师没有直接回答幼儿，而是顺应幼儿的好奇心，鼓励幼儿带着问题去寻找答案。在教师的放手和支持下，幼儿实现自主学习。

4. 借助海报，提升幼儿语言表达能力

开始的时候，班级的语言区没有几名幼儿。当教师将与幼儿共同制作的海报投放在墙面上后，幼儿都急切地想把自己的发现粘贴在海报上，于是有越来越多的幼儿想去语言区阅读绘本并表征。通过与海报的互动及游戏后的分享，班级幼儿的语言表达能力都有所提高。借助行为检核表，班里共有 20 名幼儿，17 名（占班级人数的 85%）幼儿能够借助绘本完整讲述故事。其中 4 名幼儿能够有序、连贯、清楚地讲述故事，8 名幼儿能够基本完整复述故事，5 名幼儿能够口齿清楚地简单复述故事。

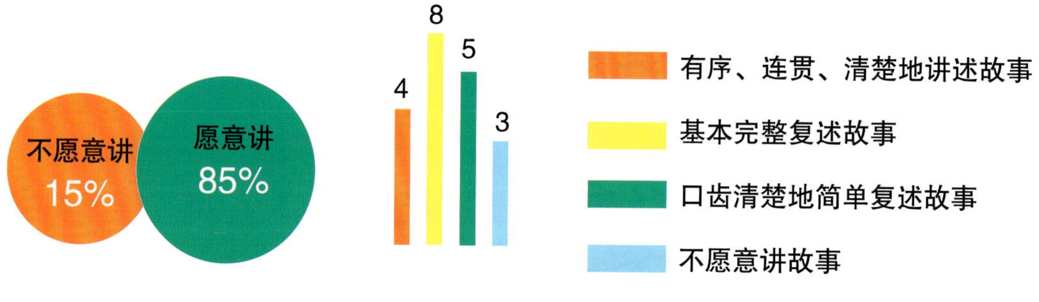

案例 3：积木乱了怎么办

在幼儿园的日常活动中，积木是幼儿非常喜欢的玩具之一。每当幼儿完成搭建后，经常会因为各种原因导致积木摆放混乱。这时候，幼儿常常会感到无助和焦虑。于是，教师追随幼儿的关注点，支持幼儿自主解决这个问题。

在“积木乱了怎么办”的活动中，小班幼儿由于刚刚开始接触儿童海报，所以教师先引导他们观察和讨论海报的内容，帮助他们认识到哪些内容最重要，哪些内容可以忽略。然后提供各种材料和工具，如纸、剪刀、胶水等，让幼儿自由发挥，制作出自己的海报。在这个过程中幼儿能与问题互动，并结合自己的经验输出儿童海报。幼儿经过了 5 次交流讨论，每次讨论后都输出了相关的海报，有个人的也有群体的。5 张海报分别为《积木乱了怎么办》《我的办法》《谁的方法好》《收拾积木的方法》《哪些物品不整齐》。

1. 积木乱了怎么办

活动时，教师向幼儿展示建构区积木乱糟糟的图片，幼儿感到有些困惑。教师引导幼儿思考："积木乱了怎么办？"幼儿开始讨论，提出了各种方法。有的幼儿建议按颜色分类，有的幼儿建议按形状分类，还有的幼儿提议给每块积木找一个"家"。我们鼓励幼儿将自己的方法通过绘画的形式呈现出来，并思考怎样才能把大家的方法用一张海报展示出来。航航说："把大家的方法都放在一张纸上。"西西说："这不乱糟糟的吗？"教师说："我们把每个人的想法都放进一个泡泡里怎么样？"就这样幼儿合作完成第一张群体海报。这张海报帮助幼儿回顾和整理了自己的思路，同时也激发了他们的创造力和解决问题的能力。

2. 我的办法

幼儿根据自己的想法，开始尝试整理积木。他们遇到了很多困难，比如有的幼儿发现自己的方法在实践中很难操作。但是，他们并没有放弃，而是通过交流和互相帮助，不断尝试新的方法。最终，幼儿成功地整理了积木，体验到了成功的喜悦。在这个过程中幼儿也有一些新的发现，并将自己的发现通过绘画的形式呈现出来，形成了一张张个人海报。

悠悠：我发现有三种圆柱体的积木，分别是小、中、大，两个小的放在一起，就和中等的一样高。三个小的放一起就和大的一样高。一个中等的和一个小的放在一起就和大的一样高。

然然：圆柱体的积木太多了，我把大的放进去，其他的就放不下了，地上还有很多积木没地方放。

来柱：三角形积木放在一个“家”里，圆柱体积木放在一个“家”里，半圆的积木放在一个“家”里，像桥一样的积木放在一个“家”里，这样就不乱了。

小一一：这个形状的积木能一个上一个下地摆，还可以三个下一个上地摆，还能对着摆，还能一个上两个下地摆。

朗朗：一样的积木放在一个盒子里了，我觉得有几个盒子还是有些乱，应该像朵朵收拾的那样摆好，不能直接扔里面。

3. 谁的方法好

经过实践之后，大家开始分享和讨论哪种方法最好。有的幼儿说：“我的方法最好，因为我可以很快地找到我需要的那块积木。”有的幼儿说：“我的方法最好，因为我的积木都住在同一个‘家’里。”大家都认为自己的办法最好。看到他们有分享的欲望，教师支持他们进行了“收积木的好方法”擂台赛，最后用投票的方式选出了他们认为最好的方法，并制作出群体海报《谁的方法好》。

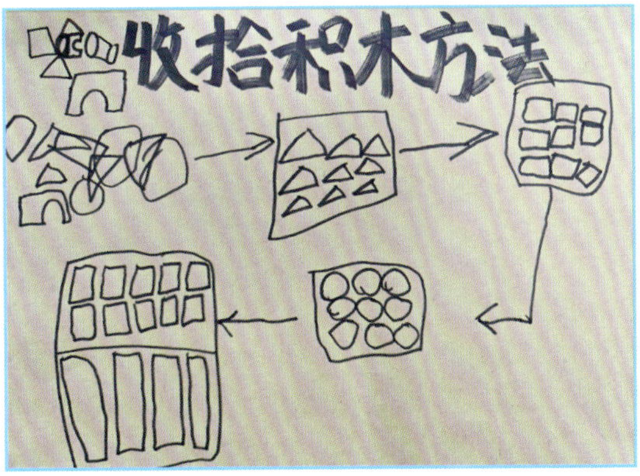

4. 收拾积木的方法

在选出最好的方法后，幼儿继续尝试整理积木，并在实践中发现问题。他们在整理中发现收拾积木的方法的群体海报画面不够清晰，有些地方很乱。于是他们开始思考如何解决这些问题。他们结合之前的海报重新设计了一张更清晰、更有逻辑性和层次性的海报。

5. 哪些物品不整齐

建构区的积木摆放变得整齐有序了，有的还能够按形状分类摆放。幼儿在回顾自己的探究过程时，大都能站到前面分享自己的发现。分享结束后，有的幼儿还说，我发现毛巾有些乱，床铺有些乱，区域材料也有些乱……大家学会了观察生活，希望以后班级里的所有物品都能整整齐齐地摆放，在整洁的环境中学习和生活。于是幼儿制作了群体海报《不整齐的物品有什么》。

教师反思

1. 在“积木乱了怎么办”主题活动中，主题海报的内容是基于幼儿的经验和观察产生的。在活动初期，教师引导幼儿观察和讨论积木乱了的问题，帮助他们总结出整理积木的各种方法。然后，教师将这些方法、问题和发现汇总在一起，与幼儿共同商讨如何制作一张能够清晰表达这些内容的海报。在这个过程中，师幼共同推动了主题海报的生成和发展。

2. 在制作主题海报的过程中，教师与幼儿形成了良好的互动关系。教师鼓励幼儿表达自己的想法和意见，尊重他们的创造力和想象力。同时，教师也给予幼儿必要的指导和帮助，如帮助他们规划海报的布局、选择适宜的颜色等。这种良好的师幼互动关系推动了主题海报的生成和发展，也培养了幼儿的自信心和成就感。

3. 在“积木乱了怎么办”主题活动中，教师不断思考、学习和探索如何更好地引导幼儿制作海报。教师不断反思自己的教学方法和策略，寻找更好的方式来激发幼儿的兴趣和好奇心。

4. 在制作主题海报的过程中，教师和幼儿都精益求精，不断完善和优化海报的内容和设计。教师不断引导幼儿尝试新的创意和想法，使海报更加生动、有趣和有教育意义。同时，也注重海报的实用性和可操作性，使海报能够真正服务于幼儿的学习和发展。制作海报的过程不仅培养了幼儿的创造力和审美能力，也提高了他们的实践能力和解决问题的能力。

中班

案例 1：草莓

这段时间幼儿对户外种植区非常感兴趣，常去观察、照顾植物。发现草莓苗开花时，他们特别兴奋，叽叽喳喳地讨论起草莓是怎么长出来的。追随幼儿对草莓的浓厚兴趣，教师开展了“草莓”主题课程。

在“草莓种植”这一小主题活动中，教师与幼儿一起探索了草莓的生长过程、草莓的营养价值、草莓的种植时间等内容。在探索草莓奥秘的过程中，教师尽可能发挥幼儿的主体作用，支持幼儿自由交流、自主探索、自发表征，支持幼儿将发现的问题、学到的经验，进行交流探索并输出为儿童海报。中班幼儿接触儿童海报的时间不长，幼儿大多尝试的是个人海报，集体意识还不够强，活动后期在教师的支持下出现 2 张初期的群体海报《取种子的工具》《怎样照顾草莓》。

1. 草莓的生长过程

“草莓是如何生长的呢？”基于幼儿的困惑，师幼一起观看了纪录片，一起了解草莓的生长过程。幼儿在了解了草莓的生长过程后，对获得的经验进行了表征，在教师的支持下，制作了主题连环画式海报。

2. 找种子

了解草莓的生长过程之后，幼儿对种草莓的兴趣更加强烈。教师组织幼儿进行了交流讨论。幼儿决定先从草莓果实上取种子，这时问题出现了——种子太小，很难取出。他们想到了用工具来取。在教师的鼓励下，幼儿把自己的猜想用绘画的方式表征出来。

因为之前的活动，幼儿已经对气泡图有了一定的了解。所以，当教师鼓励他们记录取种子的猜想时，他们也想到了气泡图。有的幼儿想到了使用夹子、牙签、铁铲、吸管、刀等工具，形成了一张张关于“取种子”的个人海报。

教师的思考：气泡图这种记录方式很适合中班的幼儿，简单明了，又能训练幼儿的发散性思维。幼儿会不断地猜想，填充新的泡泡。幼儿在与海报互动的时候，能完整、有序地表达出自己所有的猜想。

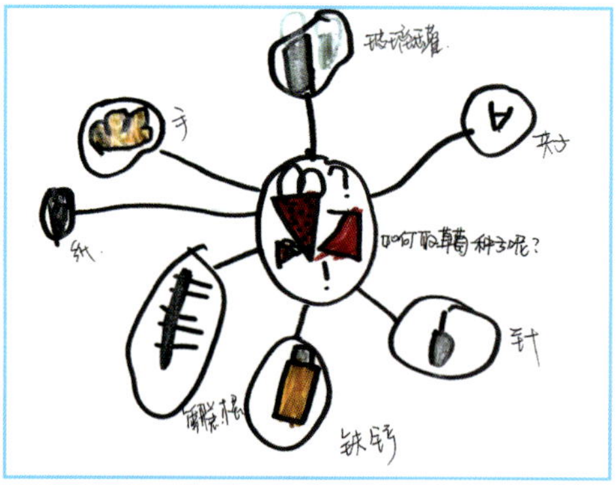

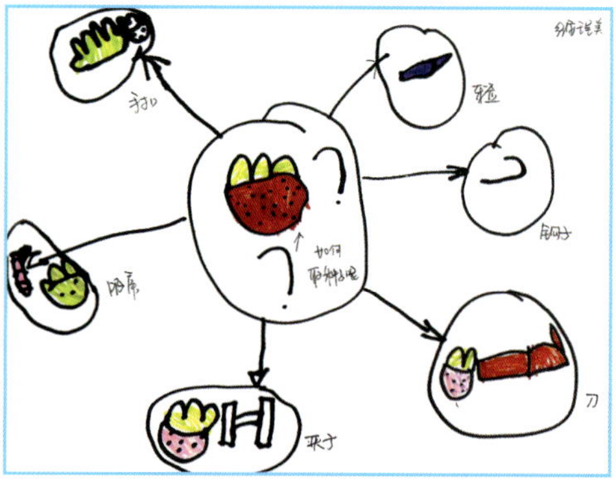

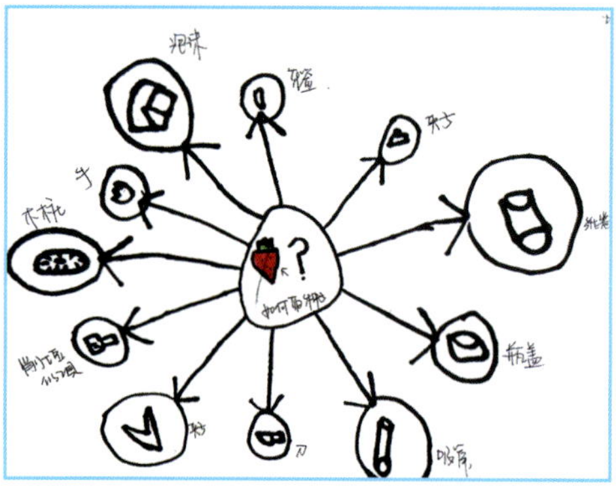

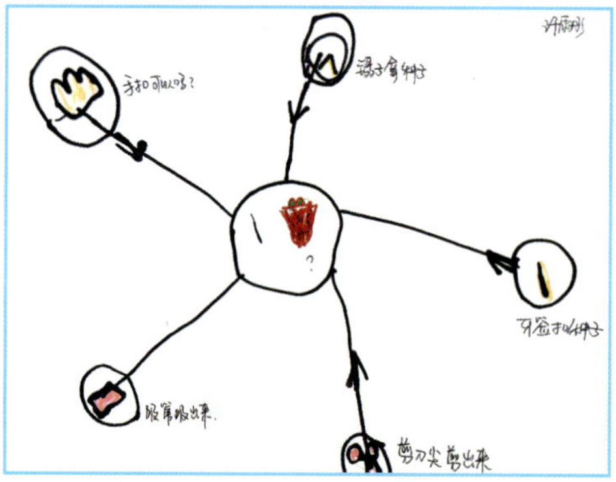

3. 取种子的工具

幼儿想到的工具应有尽有，到底能否成功取到草莓种子呢？大家决定要试一试。验证取种子工具的时间到了，幼儿把海报放到桌布下面，在教室选取了工具，开始依次尝试，一一验证。这时教师提示幼儿将验证的结果标记到自己的海报上。能取到种子的工具画“√”，不能取到种子的工具画“×”。最终在《取种子》海报上，既有幼儿猜想的各种工具，也有各种工具是否好用的验证结果。

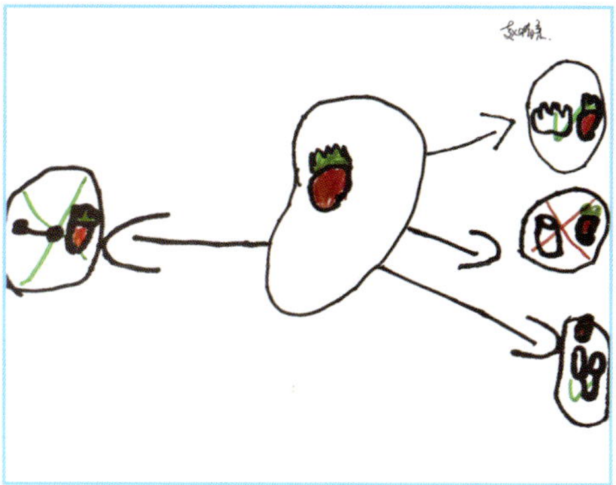

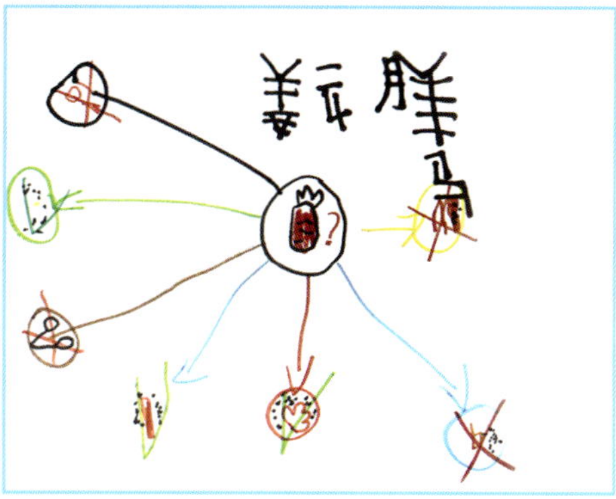

验证完自己的猜想后，幼儿一起交流了彼此的验证结果。为了更清晰地展示取种子的工具，他们还合作完成了一张群体海报。

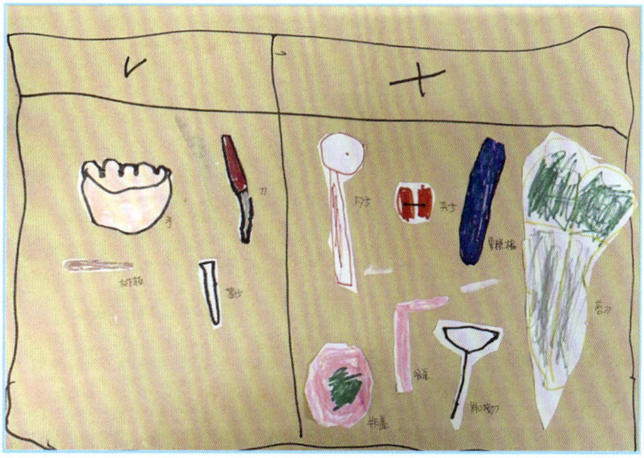

教师的思考：幼儿的探索是一步步推进的，儿童海报的制作也是一样。初次的记录，可能是一个点，但随着幼儿进一步探究，他们有了新的发现。所以不必次次活动都生成新的海报，也可以将原来的海报内容不断丰富。气泡图的应用也方便了幼儿的验证，通过小组讨论，将验证的结果整理记录，形成大的记录单展示在班级中，让没有参加活动的幼儿也能知道什么工具可以取到草莓种子。

4. 取种子的注意事项

“验证取种子的工具”活动结束后，幼儿除了发现好用的工具，还有其他的发现。他们发现有的工具是尖锐的，容易伤人；有的工具太小，容易弄丢；有的工具比较脆弱，容易折断。于是，师幼针对取种子时的注意事项进行了讨论。

师：取种子时应该注意什么？

幼：拿牙签的时候，不要对着别人。

幼：夹子也不能随便乱夹别人。

幼：不要太用力，草莓会碎，工具也会断。

幼：不要把草莓汁弄到衣服上。

根据以往的经验，幼儿说得很好，可是记录出来未必清晰。于是，教师拿出了幼儿以往的记录，请他们看看有什么问题。

幼：太乱了。

幼：可以用圆圈把它们一个一个圈起来。

幼：可以用线分割开。

看来幼儿已经有了划分区域的意识，于是教师提出了新的要求：“画面要清晰，安排好位置。”幼儿喜欢彼此模仿，大多都用了圆圈。教师在指导某个幼儿的时候，在中间画了个小圆圈，其他人也都模仿加了一个小圆圈。

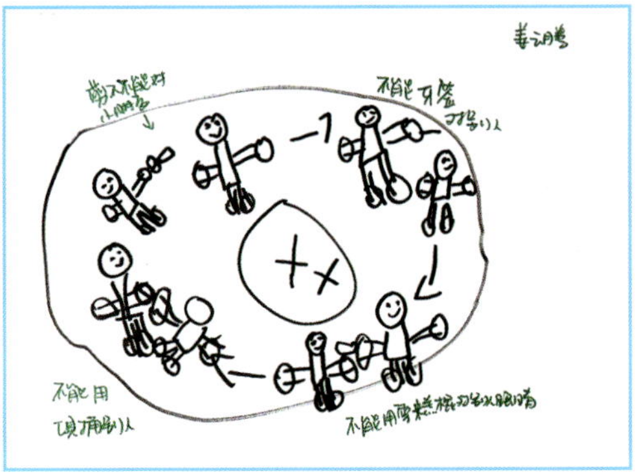

教师的思考：在讨论取草莓种子的注意事项时，幼儿只能看懂自己的表征，表征的内容比较随意，没有规划位置，也不清晰。基于这样的问题，为了让幼儿更清楚地表达，在教师和同伴的启发下，班级里的幼儿学会用圆圈图呈现取草莓种子的注意事项。在幼儿自主方面，教师做得还不够好，在指导的时候有些高控了。幼儿会从众、模仿，因而设计、创造的海报，甚至出现了一样的布局，这是教师在日后指导中需要调整的。

5. 种草莓

种植草莓的活动，幼儿非常投入，在活动中也收获了经验。随后幼儿对种植过程进行了表征，输出了《种草莓》的海报。这一环节，教师没有参与，完全放手让幼儿自主表征。大部分幼儿只将种植的步骤画出来，教师鼓励幼儿想办法表示种植的先后顺序。他们又对完成的海报进行改造，海报中出现了数字和箭头。海报画的呈现方式简单、易操作，能直接、明了体现种植草莓的流程。

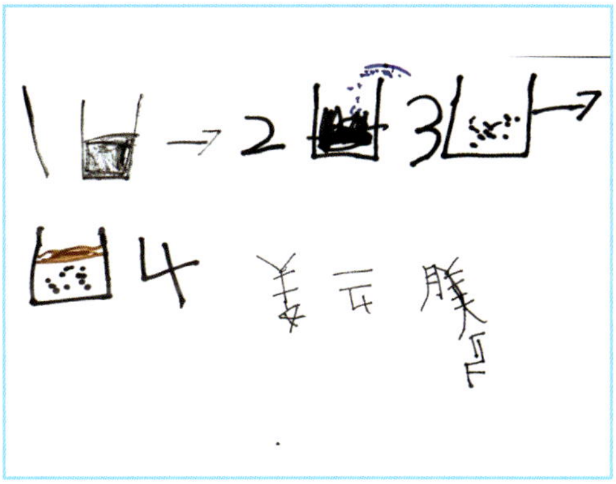

教师的思考：在这次种植草莓的活动中，幼儿学会运用多种符号表征，展现自己的思维过程。幼儿在实际运用过程中也感受到了海报画的直观、便捷。

6. 怎样照顾草莓

“草莓种好了，如何照顾草莓呢？”大家又开起了小组会议，经过一番激烈的交流和讨论后，他们分工合作，共同完成了一张群体海报。这次他们选择了美工区的折纸草莓，直接放在了海报中间，在教师的支持下，又选择了一些箭头来划分区域。

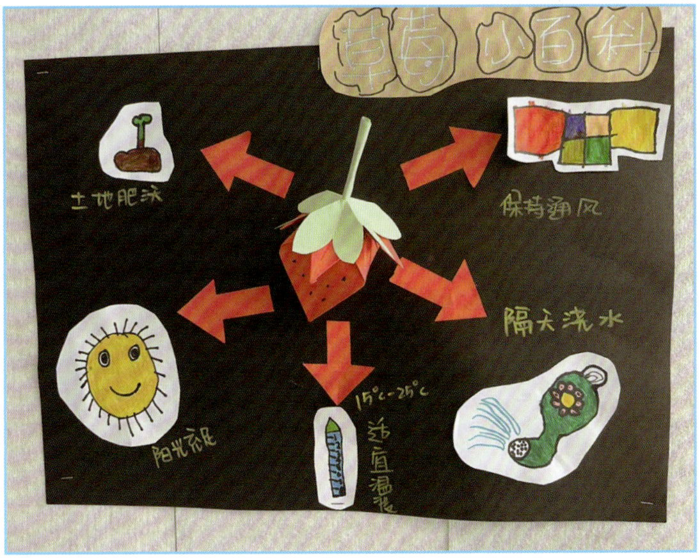

教师的思考：幼儿观察草莓时，对“草莓的生长都需要什么？”产生了兴趣。对于幼儿提出的问题，我们集体讨论出草莓的生长需要土壤肥沃、保持通风、阳光充足、温度适宜等条件，并用气泡图的方式展示出来。

教师反思

1. 追随幼儿兴趣，不断创生

教师主动和幼儿互动，观察幼儿行为，了解幼儿兴趣，并根据幼儿的兴趣，不断支持幼儿开展活动，丰富经验。本次主题活动在生活中创生，幼儿不仅能感知新鲜真实的事物，体验生活的乐趣，也能够随着活动的开展，不断进步。幼儿对活动有兴趣、有体验，才会在活动后乐于表征。所以追随幼儿兴趣，不断创生，是输出海报的前提条件。

2. 适当放手，提供隐性支持

中班的幼儿接触儿童海报时间不长，教师在活动中还是有过度支持的痕迹。在种植草莓的活动中，教师完全放手，当幼儿遇到解决不了的问题时再提供支持，这样幼儿的主动性、互动性都更强一些，海报的质量也没有降低。所以要关注幼儿的自我发现和创造，站在幼儿视角，多给幼儿创作的空间。

3. 共同关注海报，持续互动

幼儿做完的海报，教师可以支持幼儿进行分享交流，参考海报内容进行相关活动，延伸海报内容。教师给幼儿创造机会继续与海报互动，继续拓展经验。教师也可以对幼儿的海报进行讲解、展览，或在教学活动中有效利用，让幼儿在与海报的不断互动中，生发新的灵感。

案例 2：看见了南瓜

秋天来了，幼儿发现种植园的南瓜熟了，他们被南瓜的外形深深吸引，围绕南瓜展开了热烈的讨论。于是，教师从幼儿的兴趣出发，顺应时节，形成了本次班本课程——《看见了南瓜》。幼儿在活动中，了解了多种多样的南瓜，阅读了很多关于南瓜的故事，调查了南瓜的营养价值，尝试做南瓜美食等。教师在活动中，支持幼儿感知、体验、实践、探索。在活动后，引导幼儿有效地运用儿童海报梳理学习经验，呈现探究痕迹。

在“看见了南瓜”这一主题活动中，幼儿共生成了 6 张活动中的片段性海报和 1 张整体性海报。6 张片段性海报分别是《南瓜初印象》《关于南瓜我想知道》《切开的南瓜》《种子变南瓜》《南瓜幼儿园》《南瓜美食我知道》。因为中班幼儿已经具备自主绘制海报进行记录的能力，因此幼儿基本能自主设计完成本次活动中的儿童海报。教师在符号的运用、框架的构思、内容的梳理等方面给幼儿提供了必要的支持。

1. 南瓜初印象

种植园里的南瓜引起了幼儿的关注，他们在交流讨论中发现南瓜的外形是不同的。幼儿为了了解南瓜，展开了南瓜大调查。他们用绘画的方式记录了自己的调查结果，并分组对调查结果进行了交流分享。他们发现南瓜的大小、颜色和形状都是不同的，南瓜的叶子和花很漂亮，南瓜很好吃，南瓜的身上有花纹……交流讨论后，各小组幼儿分工合作，用喜欢的方式将大家的发现进行了汇总记录，形成了群体海报。

幼儿个人调查表

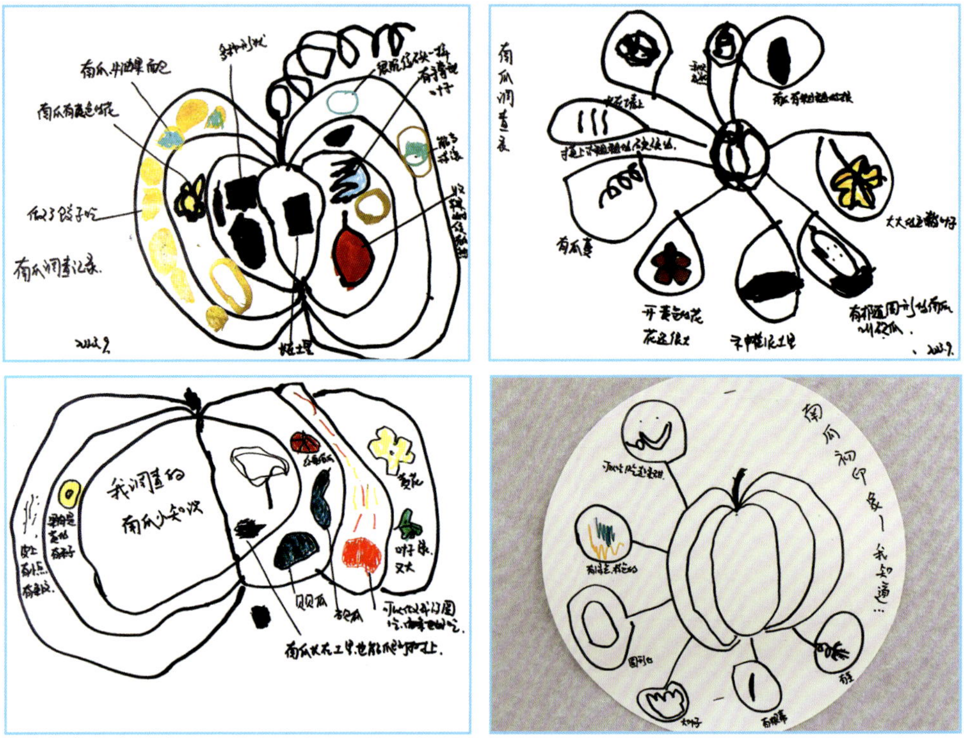

群体海报

2. 关于南瓜我想知道

“关于南瓜你还想知道什么呢？”围绕这个问题，师幼进行了集体讨论，进一步提高幼儿对南瓜的探索兴趣。在讨论中教师发现，幼儿对南瓜的兴趣已经不仅仅局限于外形了，他们提出了更多想知道的关于南瓜的问题。在教师的鼓励下，大家分工合作将问题进行记录，制作了一张《关于南瓜我想知道》的儿童海报。幼儿因为有前期的经验，选择了用学习导图来记录。这张海报帮助幼儿清晰呈现出他们得出的所有答案，既延续了幼儿的探究兴趣，又明晰了探究方向。

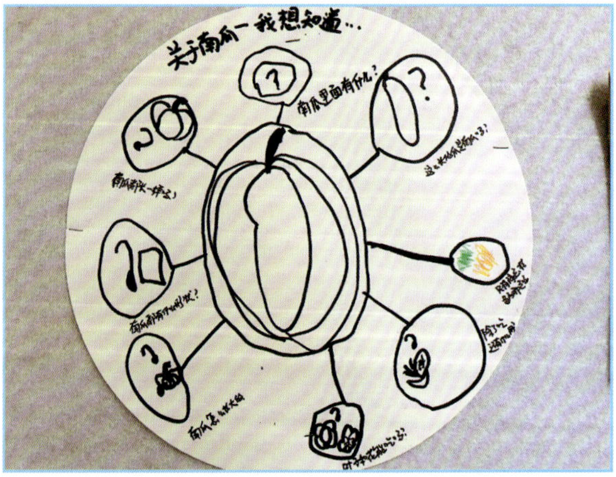

3. 切开的南瓜

“南瓜的里面藏着什么呢？”带着这个问题教师把幼儿分成 5 个小组，分别观察切开的南瓜。大家惊奇地发现，切开后南瓜的味道是清香的，舔一口是涩涩的，南瓜瓤是黏黏的，南瓜里面还有很多种子……各小组幼儿对切开的南瓜进行观察讨论后，制作了《切开的南瓜》儿童海报。每个小组的发现都有所不同，大家决定将 5 个小组的海报呈现在一张大海报上，在分享过程中相互学习，获取更多关于南瓜的经验。

4. 种子变南瓜

幼儿观察切开的南瓜，对里面的小种子产生了浓厚的兴趣。幼儿自主提出问题“小种子是怎样变成大南瓜的呢？”大家一起翻查菜地里南瓜的观察记录，阅读了关于南瓜的绘本故事《南瓜种子》，幼儿和爸爸妈妈一起调查了南瓜的生长过程，通过多种方式丰富经验。在教师的支持下，幼儿交流自己获取的经验，为了让更多的人清楚南瓜的生长过程，他们决定用海报来呈现。起初，他们用线条划分区域，又在复盘之后，使用圆圈来划分，并在教师的启发下，圆圈中间又增添了箭头，最终形成了海报——《种子变南瓜》。

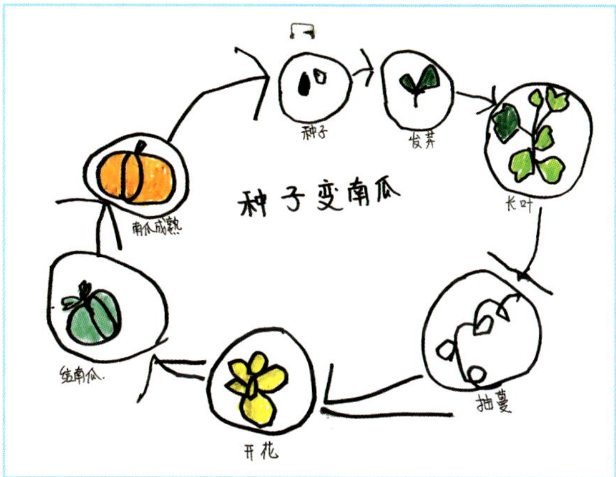

案例 3：打球

户外自主游戏是幼儿园游戏活动中重要的组成部分，幼儿在自由、自主探索的过程中创造出打球游戏。教师捕捉到幼儿的兴趣后，支持并引导幼儿以儿童海报的方式，对所需游戏物品进行统计，对遇到的问题进行梳理，对游戏的规则进行制定等。借助儿童海报的多种形式，支持幼儿以个人或群体的方式，充实户外自主打球游戏，增添游戏的趣味性，明确游戏的规则等。

在户外自主打球游戏中，幼儿一次次讨论探究遇到的问题，共同制作了《游戏中遇到的问题》《解决办法》《物品准备》《打球游戏的规则》以及《游戏组委会》5 张儿童海报。通过儿童海报活动，幼儿打球游戏的质量不断提升，游戏得以顺利有趣地进行下去，并得到了幼儿的关注与喜爱。

1. 游戏中遇到的问题

幼儿在操场发现了一大箱牛奶罐，他们用泡沫垫围出一个场地，拿着木质积木条玩起了打牛奶罐的游戏。游戏十分激烈，随着参与人数的增加，游戏场面也逐渐混乱起来，牛奶罐被击打得到处都是。游戏出现了危险，教师暂停了游戏并请幼儿以绘画的方式将遇到的问题进行表征及分享。同时，教师请幼儿将遇到的问题进行分类，并引导幼儿尝试以儿童海报的形式对遇到的问题进行记录。幼儿将游戏场景想象成海底世界，小球员化身为一只只小鱼，遇到的问题则是小鱼口中吐出的泡泡。

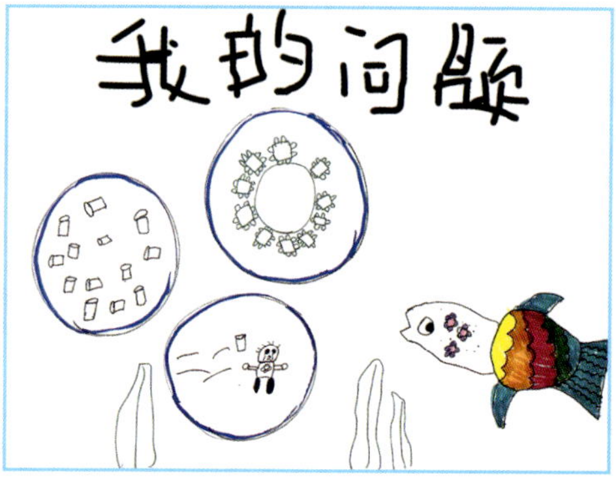

2. 解决办法

梳理完游戏中遇到的问题后，幼儿开始想办法解决。教师引导幼儿将集思广益想出的解决办法分小组进行记录。有的小组以牛奶罐为载体，将其一层层分隔进行记录。有的小组将问题与解决办法一一对应地进行表征，用线将画纸分割，在线的上边记录问题，线的下边记录解决办法，每个问题都对应着解决办法。海报画便于幼儿思路清晰、条理有序地进行说明，有利于幼儿获得自信与成就感。

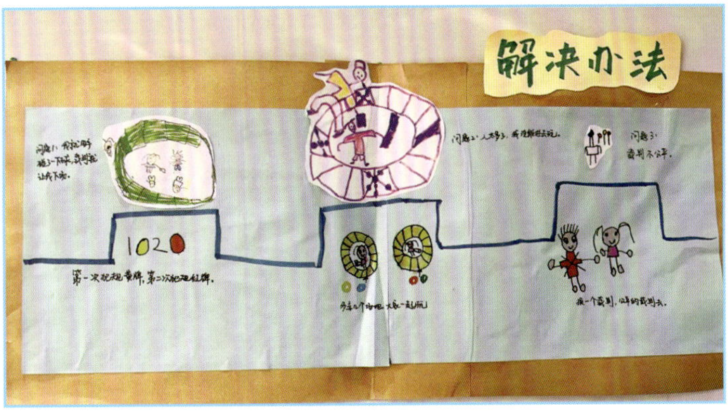

3. 物品准备

随着游戏的复盘以及问题的解决，打球游戏所需的物品需要进行重新调整。在上一次儿童海报制作成功的基础上，幼儿有了制作海报的相关经验，他们选择使用括号图来对所需的物品进行梳理，将准备物品清晰明了地记录下来，以便大家共同准备。游戏物品清单加深了幼儿对游戏的理解，同时加快了游戏前期准备的进度，推动了游戏的开展。

4. 打球游戏的规则

所有物品准备就绪，幼儿在游戏开始之前，重新梳理打球游戏的规则，以防有人犯规或不遵守游戏规则。有的幼儿已经不需要教师有意识地引导就能够主动地选择用儿童海报的方式进行表征，便于其他没有参加过该游戏的幼儿看懂、理解游戏。幼儿展开讨论后，他们分工合作将约定好的几个规则用树状图的方式清晰地进行表征。

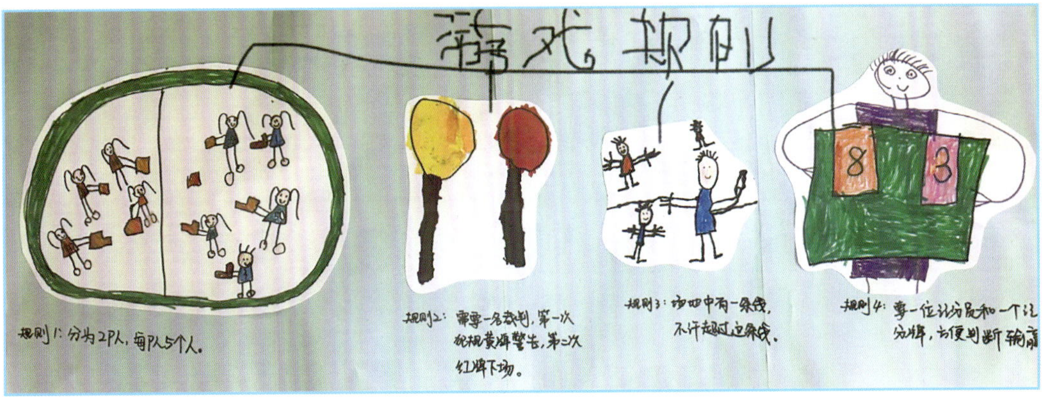

5. 游戏组委会

游戏开始前，幼儿还是有些担心裁判的人选，怕比赛不公正。幼儿通过平日的观察及讨论，决定模仿足球比赛设立组委会，由组委会负责监督裁判，裁判负责评判比赛的胜负及参赛队员是否犯规。

幼儿选择之前的树状图来制作海报，把组委会的人员配置进行表征。幼儿利用儿童海报，明确了各自的职责。随着海报的生成，幼儿的学习过程从教师引导转变为幼儿自主研究讨论，自主生成儿童海报，还将游戏成果进行展示与说明。儿童海报充分地给予幼儿自主与自由，支持幼儿观察、探索，用恰当的方式提升游戏水平，推动了游戏的发展。

教师反思

1. 儿童海报能帮助幼儿理解游戏规则

在儿童海报的支持下，幼儿在游戏中遇到的问题大都能够迎刃而解。教师只需要提供讨论的空间、纸张和画笔，就能够引导幼儿将打球游戏中物品的准备、规则的制定、裁判和组委会的设立及权限，以海报的形式进行梳理。这锻炼了幼儿的逻辑思维、动手动脑、与同伴沟通的能力。儿童海报也能让未曾参与游戏或是对该游戏感兴趣但在一旁观战的幼儿，看懂、理解打球游戏。海报画可以帮助幼儿理解游戏规则，提升游戏质量，推进游戏进程。

2. 教师的逐渐放手能促进幼儿的自主性

有了儿童海报的加持，教师在组织户外游戏过程中，当幼儿遇到各种各样的问题时，不需要反复介入、反复强调游戏规则、反复嘱咐幼儿遵守游戏规则或反复准备冗杂繁多的游戏道具。幼儿自主记录的儿童海报在游戏中充分发挥了作用，他们自发自主地进行复盘、讨论、想办法推进游戏。这样教师能更深度地对幼儿进行有效的观察，充分地了解幼儿、解读幼儿。

3. 户外游戏海报的制作建议

关于户外游戏制作的海报，提出如下建议：不追求海报版面的过度美化，要鼓励幼儿用最简单、清晰明了的方式对游戏中遇到的问题进行表征。鼓励幼儿用多种方式，尝试以个人或群体海报的方式，进行大胆的创意表现，将自己的想法表达出来，以便推动幼儿的学习，让游戏得以顺利进行。幼儿制作海报时，教师要引导幼儿有逻辑地对其进行排版，能够将自己的逻辑清晰地进行表达，让未曾参与的幼儿看到海报时，就能够明白海报想要表达的意思，并能快速地加入游戏。

大班

案例 1：我喜欢的语言区

区域游戏时间幼儿会自主选择喜欢的区域进行游戏，但唯独语言区格外冷清。“为什么大家都不愿意去语言区？”带着这个问题，教师与幼儿开展了一次谈话活动。活动中，教师鼓励幼儿将在语言区中发现的问题、解决问题的方法等运用学习导图进行表征，引导幼儿通过协商、合作等方式将问题的发现过程、探究过程、探究结果等直观地呈现出来，同时潜移默化地带动班级其他幼儿参与到活动中来。

在“我喜欢的语言区”活动中，幼儿围绕提出的问题，从前期谈话、活动实施、经验梳理等内容共呈现出 12 张儿童海报。大班幼儿能运用符号、文字及图画的方式表征自己的想法，同时具备良好的沟通、合作和创造能力。活动实施过程中，教师主要通过观察、引导的方式鼓励幼儿将探究过程与结果以儿童海报的方式进行表征。

1. 为什么语言区不受欢迎

通过师幼谈话，教师了解了幼儿不愿去语言区的原因，并引导幼儿思考用什么方式能将问题清晰地呈现出来。幼儿表示想借鉴气泡图，先画个圆圈，把讨论的主题放在圆圈里，再把提出的问题画在圆圈外面，最后在每个问题旁画上解决方法。

教师请幼儿到展板前将讨论结果用绘画、符号的方式进行表征，为了避免幼儿将问题混淆，问题之间用线条和图案进行分隔，最终呈现出花型学习导图。经过讨论与筛选，我们将大家不愿意去语言区的原因重点落在——没有喜欢的书、语言区乱这两个点上。

2. 语言区没有喜欢看的书

针对“语言区没有喜欢看的书”这个问题，教师带领幼儿到阅览室借阅喜欢的图书。幼儿发现借阅的图书种类和数量较多。“怎样能帮助我们记忆谁借了哪些书？”通过讨论，幼儿表示可以将名字和借阅的图书对应在一起，教师鼓励幼儿用自己喜欢的方式进行记录。第一组幼儿用表格来记录，表格左半部分记录姓名，右半部分记录书名。第二组采用学习导图的方式表征，采用名字和借阅书目上下对应的方式记录。活动后，教师将两张儿童海报展示在展板上，引导幼儿观察两者的相同点与不同点，进一步激发幼儿运用儿童海报表征的愿望，同时促进幼儿逻辑思维能力及解决问题能力的发展。

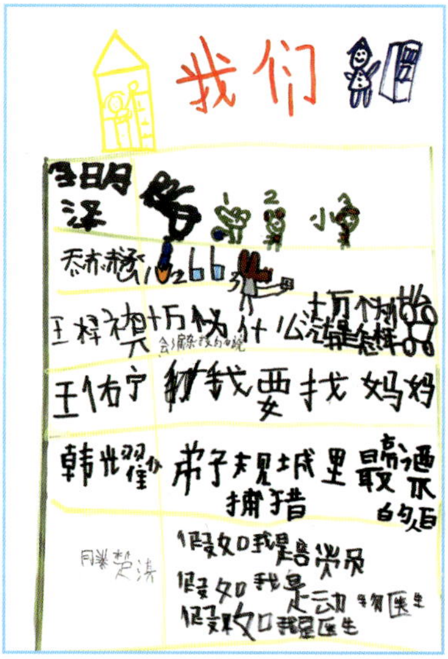

3. 语言区有点乱

教师与幼儿共同分析语言区乱的原因，梳理出以下几点：语言区书太多，材料收纳不整齐，墙面作品没有粘牢。幼儿将讨论主题画在中间的圆圈里，左半部分表征的是语言区乱的原因，右半部分则是与左半部分相对应出现的结果。

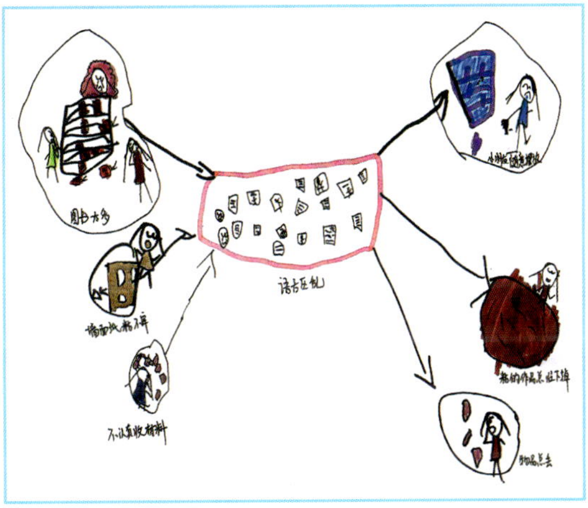

针对如何分类图书，幼儿表示最好像阅览室一样，按颜色进行分类。他们将图书分为动物类、车辆类、建筑类、童话类、传统故事类，还将图书按类别依次画在纸上，并将对应的图书标识用线条画在下方，为了方便其他人按类别取放图书，还画了一个提示图粘贴在书架上。

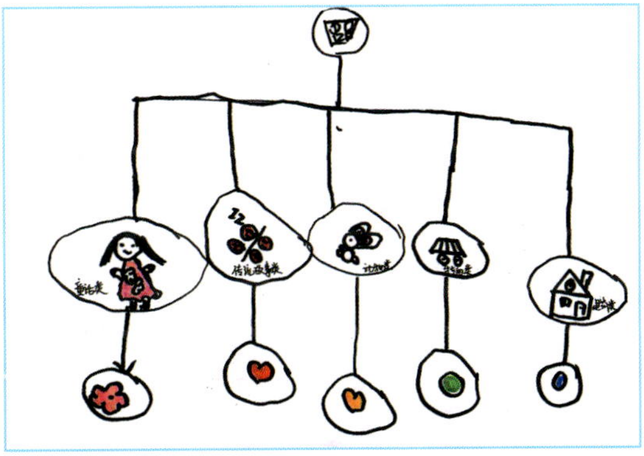

4. 语言区还可以是什么样的

为了丰富幼儿对语言区的认知经验，教师请幼儿带着相机到其他班级的语言区进行实地参观，同时将发现的亮点拍照记录。回到班级，结合幼儿的发现，教师引导幼儿思考自己班与其他班语言区的相同点与不同点，并鼓励幼儿将自己的想法表征出来。幼儿运用双气泡图的方法画出两个圆圈代表自己班与其他班语言区，将两者的不同点用线条依次分散画在圆圈外面，相同点则用线条分别连接到两个圆圈上。教师通过这种方式，让幼儿更直观地发现、比较出两者间的相同点与不同点，同时启发幼儿当遇到类似问题时也可以运用这种方法发现问题、解决问题。

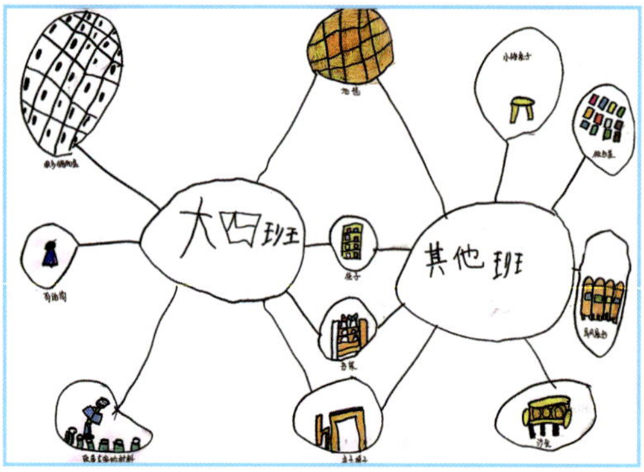

5. 我们喜欢的语言区是什么样的

大班幼儿下学期即将毕业，什么样的语言区是他们真正喜欢的呢？通过谈话，教师了解了幼儿对语言区的想法，他们想在语言区给老师或同伴写信，需要秘密谈话空间，想在里面设计毕业节目单、邀请函和纪念册等。教师结合幼儿的想法，引导幼儿按功能对语言区进行划分，分别是“信息来了”“阅读之家”“有趣小书”“谈话小店”。教师引导幼儿采用树状图将区域主题及内容呈现出来。随后，教师鼓励幼儿根据兴趣自由分组，将区域所需的材料通过绘画、粘贴的方式记录在海报相应位置，为接下来的区域改造做好准备。语言区功能的划分使幼儿在沟通、合作、计划等方面的能力得到进一步提升，幼儿在活动中不断与同伴交流想法，调整思路，学会接受别人的想法及建议，在潜移默化中进行深度学习。

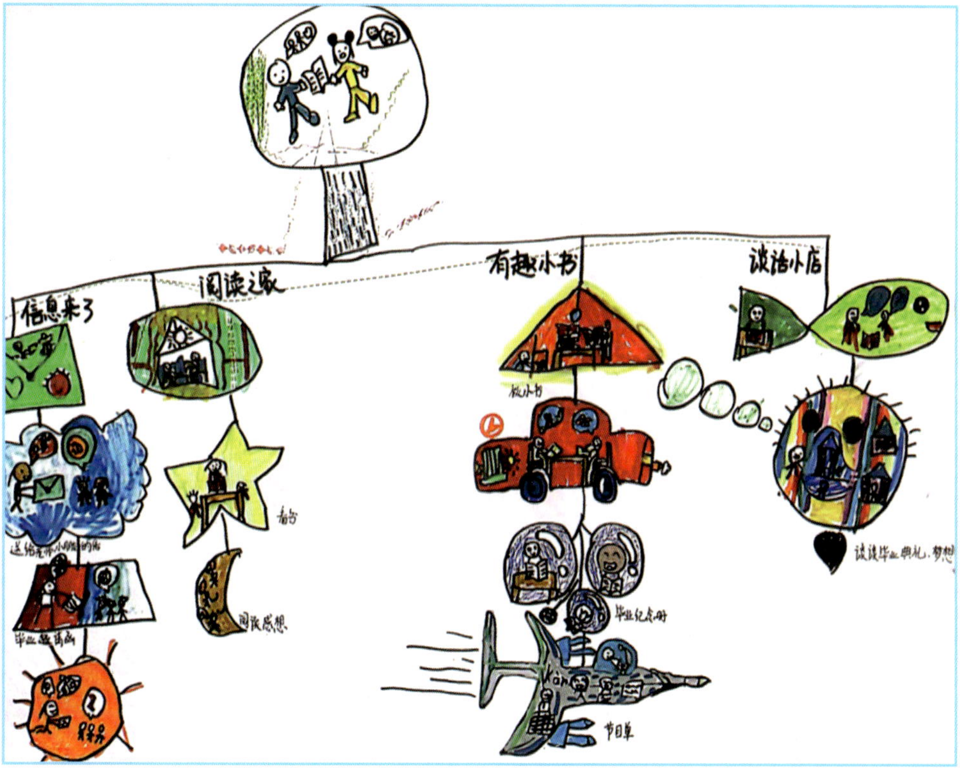

教师反思

1. 梳理整合认知经验，加强知识整理的逻辑性

大班幼儿已具备发现问题、解决问题的能力，但他们思考与表达的逻辑性、系统性和完整性还不够，需要教师的支持与引导。因此，教师要鼓励幼儿将活动中的调查发现、问题困惑、探究过程、解决方法等运用图画、文字、符号等记录下来，并将其整理成儿童海报。儿童海报中的学习导图还可以作为一种知识可视化工具辅助幼儿回顾、梳理与发现问题，表达自己的想法等。不同形式的学习导图具有不同的作用，但基本都具有整合信息的功能，可以帮助幼儿解决认知和逻辑碎片化、不连贯等问题，提升幼儿看待问题的层次性和深入性。

2. 转变幼儿思维模式，使其从被动学习到主动学习

以往的师幼谈话活动大多是以语言陈述为主，形式比较单一，由于缺少对谈话内容的提炼与梳理，幼儿很难凭借记忆清晰完整地回顾交流后的想法、问题、解决方法等。所以在活动中幼儿往往是被动的参与者，参与性较低。儿童海报中学习导图的运用可以快速发现问题所在，将复杂的问题简单化。学习导图的应用还可以帮助幼儿运用多种感官参与到活动中来，激发幼儿游戏探索的兴趣，使幼儿由原来的被动接受转变为主动学习。

3. 要理清教学思路，从零散到系统

学习导图可以帮助教师了解幼儿现阶段的需求，最大限度发挥支架作用，还能帮助教师理清教学思路，使教学思路从零散到系统。在开展活动前，教师作为活动的组织者、引导者和支持者，可以用学习导图对活动的组织脉络进行梳理，使自身对主题活动的认知由原来的零散逐渐走向系统。如上述案例中，教师利用学习导图围绕语言区发现的问题，组织幼儿通过谈话、调查、计划、实施、反思等，一步步尊重幼儿的意愿并对打造语言区进行及时跟进与调整，使活动的开展脉络更加清晰、完整。

案例 2：让谁先吃好呢

在“故事大王”活动中，有人带来了一本图书《让谁先吃好呢？》，教师感受到了幼儿的好奇心和探究欲望。在探索过程中，教师发现这不仅是一次绘本的深度解读，更是幼小衔接的良好体验。教师作为支持者和合作者，发现大家在海报探索中收获着幼小衔接能力，做好身心准备、生活准备、社会准备和学习准备，并感受到幼儿在探索当中的发展与进步。

在探索绘本《让谁先吃好呢？》的过程当中，幼儿探索出《故事中有谁》《吃桃子的不同排序方法》《比身高，比体重》《我也有优点》4 张儿童海报。因为大班幼儿已经具备了自主设计海报并进行记录的能力，因此本次活动中的海报基本都是幼儿在与同伴的互助讨论中产生的。教师在活动中通过有效提问、适时追问、框架支持等策略帮助幼儿持续探索。幼儿在游戏里自然发展，自然获得幼小衔接的能力。

1. 故事里的新发现

在解析故事的过程中，幼儿首先选用了他们最熟悉的气泡图，用气泡图将故事中的主要人物比较直观地展现出来。

“故事中提出了几种吃桃子的方法？”“不同的吃桃方法会导致不同的结果吗？”带着这两个问题幼儿复读故事。幼儿根据故事内容梳理出比身高、比体重、比耳朵长短等 6 种吃桃子方法，并发现不同的排序会导致不同的结果。那么，用什么图能够清晰地将大家的发现呈现出来呢？

幼儿尝试了使用圆圈图和气泡图，最终感觉都不合适。在幼儿反复摆放中，大家发现把 6 种排序方法一一列出，并将不同方法导致的结果对应在其下方比较合适。幼儿给这个图起了个名字叫作“对应图”。

包包说："小动物量身高时不能踮脚，不然就是要赖皮。"幼儿围绕包包的话题开始讨论"测量身高都需要注意什么？"。最后大家结合自己体检时测量身高的经验总结出 5 条，分别是：量身高要站在平地上；量身高不能穿鞋；量身高不能踮脚；量身高不能算上头发的高度；量身高时要身体站直。幼儿用记录单记录下来。"那么测量体重时需要注意什么呢？"通过讨论，大家认为：量体重时，手里、口袋里不能有重物；体重秤要放在平地上；量体重不能穿鞋；量体重时两只脚都要踩在体重秤上。幼儿想到了用小海报的形式梳理发现，但是用哪种海报合适呢？彻彻第一个否定了圆圈图和气泡图，他认为这两种图不能把身高和体重记录在一起。贺贺想到了记录排序时用的"对应图"，他用一一列出再对应的方法将测量身高和体重的注意事项记录在一张海报上。这张海报得到了同伴的认可。

"为什么每个小动物都提出了不同的吃桃子方法呢？"大家发现每个小动物都很清楚自己的长处，他们总是用自己擅长的地方和别人比赛。结合故事，幼儿选用自己喜欢的海报形式剖析自身的长处和优点。在分享中，幼儿发现有些人有共同的长处，于是又用双气泡图进行了整理。

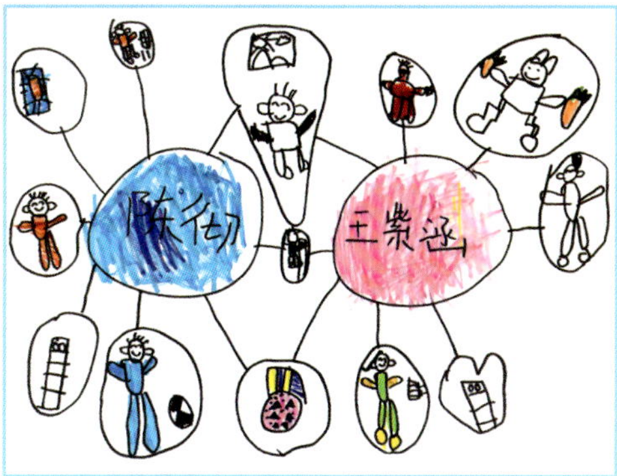

2. 让谁去参加舞会好呢

随着对绘本《让谁先吃好呢？》的不断探索，幼儿仿编了一本绘本《让谁去参加舞会好呢？》，精彩的仿编内容引起了大家的兴趣。仿编故事的出现又给大家带来了新的游戏思路，大家一致想将故事表演出来。“故事中都有什么角色？”“谁想来表演？”因为有前期的海报探索经验，所以幼儿继续选择用小海报来记录。

在表演过程中幼儿发现，如果真的要去参加化装舞会，单单分角色讲故事是不行的，那么“化装舞会需要有什么呢？”“服装、面具、音响、麦克、舞台……”大家你一言我一语地集思广益。幼儿把想到的都用画笔记录下来，再次游戏时，包包把大家的记录用流程图整理成了海报贴在墙上。

看到包包整理的小海报，有人提出不同的想法：“‘化装舞会有什么？’不需要按照流程做呀，用流程图肯定不对。”大家有了争议，教师及时追问：“什么是流程图？流程图适合什么时候用呢？”

幼：流程图就是要把事情的流程和步骤一步一步地呈现出来。

幼：需要按步骤做的事情可以用流程图。

这时候包包也感觉自己用流程图并不合适，经过大家的讨论，最后用圆圈图重新整理了海报。

知道化装舞会有什么后，幼儿游戏时目标就更明确了。游戏前，幼儿开始画自己的游戏计划，大家有想做面具的，有想做服装的，还有想做舞台背景的。个人海报帮助幼儿清晰地呈现了他们想用的材料、游戏的伙伴、游戏的内容，这既体现了幼儿的探究兴趣，又帮助幼儿明晰了探究方向。

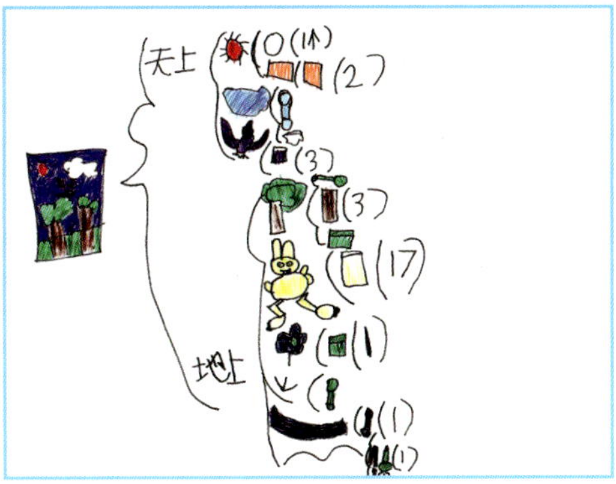

3. 我的一日计划

经过对海报一段时间的探究，幼儿渐渐尝试把一日生活计划用海报的形式呈现出来，那应该计划哪些内容呢？教师和小朋友召开了一次圆桌会议。经过集思广益，大家从一日生活中的不同环节想出了 23 条计划。每个人都尝试根据自己的需求和想法大胆选用不同形式的海报设计自己的计划。

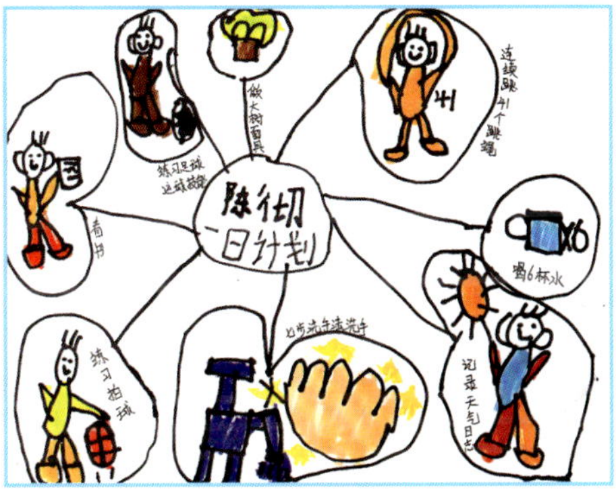

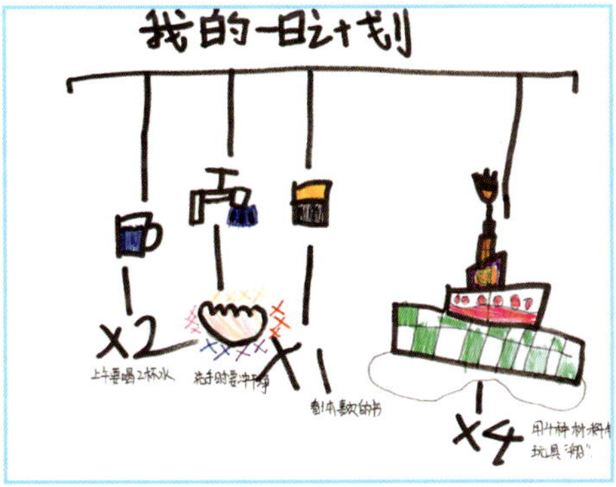

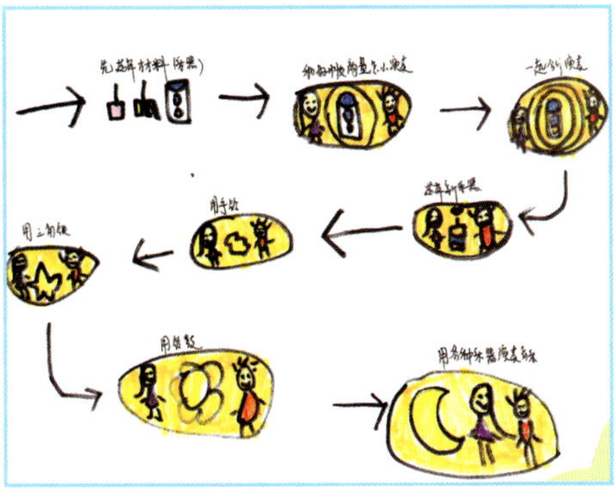

游戏活动后和晚上离园时，幼儿还对活动进行反思。通过反思，幼儿明确了计划的完成情况，同时对自己的努力方向有了明确目标。值日生也通过值日反思总结了值日过程中发现的问题和值得自己学习的地方，并形成了《值日日记》小书。

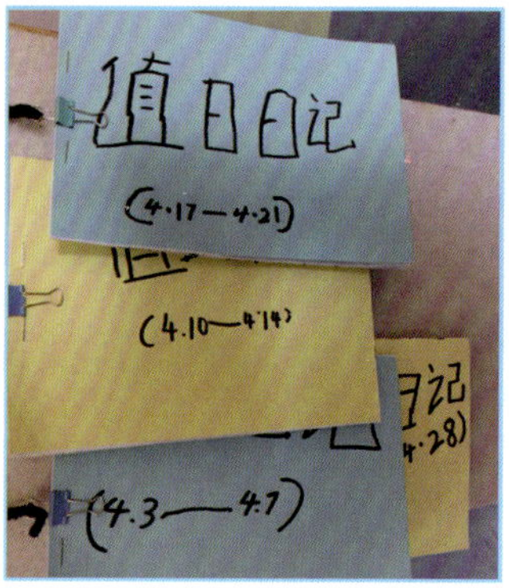

教师反思

1. 整合多元海报形式，满足不同幼儿的表征需求

在整个活动探索过程中，采用群体海报、个人海报相结合的形式，较好地呈现出幼儿在活动中的探索轨迹及发展变化。教师能顺应幼儿的需求，并根据游戏进程引导幼儿通过适宜的海报形式将所思所想表达出来。教师适当放手，鼓励幼儿尝试，幼儿也会自然而然地展示出自己了不起的一面。

2. 融合真实生活情境，唤起幼儿关键经验

在游戏探索的过程中，教师站在儿童视角，捕捉游戏开展过程中的教育价值。海报已经融入了幼儿的学习与生活之中。海报的探索不单单是把幼儿的经验架构起来，协助引导幼儿走向深度学习，更是在无形中帮助幼儿做好幼小衔接各方面准备。幼儿在真实的生活情境当中，能发现生活中的问题，并针对自己的问题有目的地进行一日生活计划。如幼儿开始关注自己的饮水量，关注天气，关注运动等。幼小衔接不再是一个孤立的课题，它与幼儿的一日生活紧密联系在一起。我们将幼小衔接自然而轻松地融入游戏中，让幼儿在探索中学习，在快乐游戏中实现科学衔接。

案例 3：香香的茶

一天早晨，教师正在用热水泡茶，茶叶在水中翻腾，这一下子吸引了幼儿的注意力。他们好奇地围了上来，开始了热烈地讨论……“老师喝的水是什么呢？”“这是茶，闻起来香香的，肯定很好喝。”就这样，大家七嘴八舌兴奋地交流着。通过师幼互动对话，幼儿对茶产生了深厚的探究兴趣。

在“香香的茶”主题活动开展前，教师主要借助学习导图来了解幼儿已有的经验。为了更好地了解班级幼儿对海报的多维理解，教师利用主题活动“香香的茶”引导幼儿进行探索。在这个主题活动中，幼儿输出了 5 张海报，分别是《茶叶是从哪里来的呢》《干干的茶叶遇到水会有什么神奇的变化呢》《茶叶可以做哪些美食呢》《一起来做水果茶吧》《茶叶的故事》。因为幼儿在之前的活动中有一定的制作海报的基础，所以本次活动运用了个人、群体海报等多种方式进行表征。

1. 茶叶是从哪里来的呢

“茶树的生长过程，你们想怎么表示呢？”幼儿通过视频、图片了解了茶树的生长过程。虽然现在暂时没有机会去茶厂一探究竟，但是幼儿通过视频直观地了解茶叶是怎么来的。幼儿通过调查，知道了原来茶叶也有不同的品种、中国是茶的故乡。茶的品种不同、叶片不同，连喝起来的味道都不同。幼儿天生喜欢探索，总是以不同的方式感知、了解生活中的茶叶，领悟它们的奥秘。幼儿在了解茶树的生长过程后，对相关经验进行了表征。

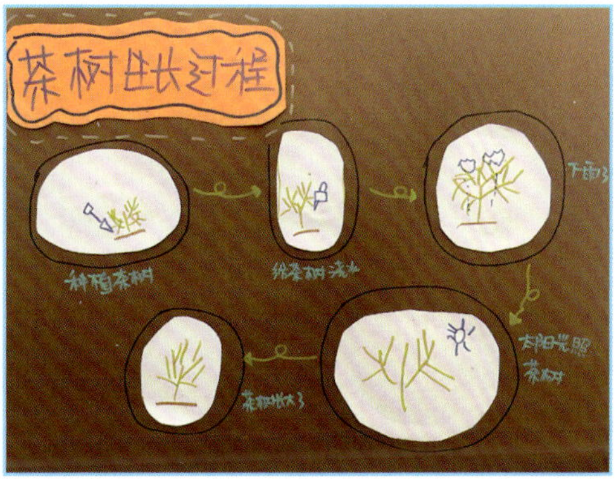

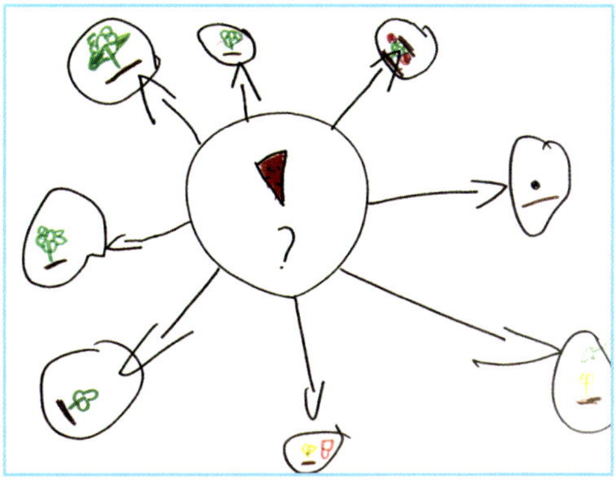

教师的思考：从海报中可以看出，幼儿梳理经验有了一定的逻辑性，他们运用了不同的学习导图来呈现茶树的生长过程。由于幼儿前期制作海报有了一定的经验，了解一些简单符号的意义，所以在此次活动中能灵活运用符号进行表征。

2. 干干的茶叶遇到水会有什么神奇的变化呢

幼儿对茶叶更感兴趣了，纷纷从家里带来了茶叶。通过近距离观察，幼儿了解到茶的品种不同，颜色和形状也各不相同。“干干的茶叶遇到水会有什么神奇的变化呢？”“这片茶叶像个小石头一样，而且黑黑的。”“茶叶是绿色的，叶子又细又长。”在幼儿的好奇中，我们开始泡茶。

泡茶活动结束后，教师鼓励幼儿将观察到的茶的多种形态用海报的方式进行表征。幼儿对气泡图和流程图的运用已经轻车熟路，教师对幼儿进行了引导：“除了气泡图和流程图，还可以用什么把你所想表达出来呢？”有的人说：“可以用自己喜欢的形状，我喜欢心形。”于是，幼儿自主创新的学习导图出现了。

在大家讨论过后，一名幼儿用茶叶的形状表征自己刚刚观察到的现象，大大的茶叶左边呈现了干干的和湿湿的茶叶的形状，右边呈现出泡完水后茶叶的颜色，还用横线和竖线表示茶叶的叶脉。

教师的思考：在教师的引导和同伴的启发下，班里的其他幼儿也用了不同的方式来呈现干干的茶叶遇到水后的神奇变化。幼儿对干茶叶的叶子和泡水后的叶子的大小进行比较并绘制了海报，由此可以看出幼儿借助前期习得的经验，创造了新的表征形式。

3. 茶叶可以做哪些美食呢

幼儿对了解茶叶美食的活动兴趣极高。所以教师引导幼儿围绕自己知道的茶叶美食展开了激烈的讨论，幼儿将最想了解和制作的美食画了出来。

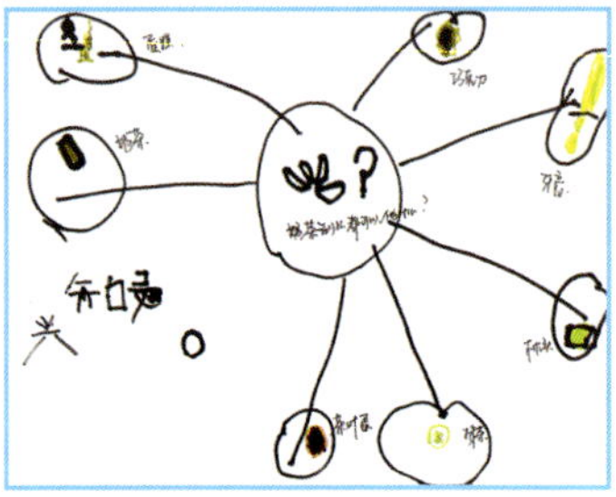

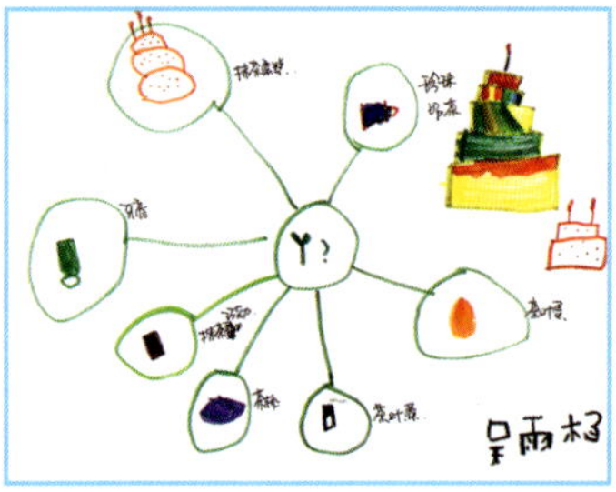

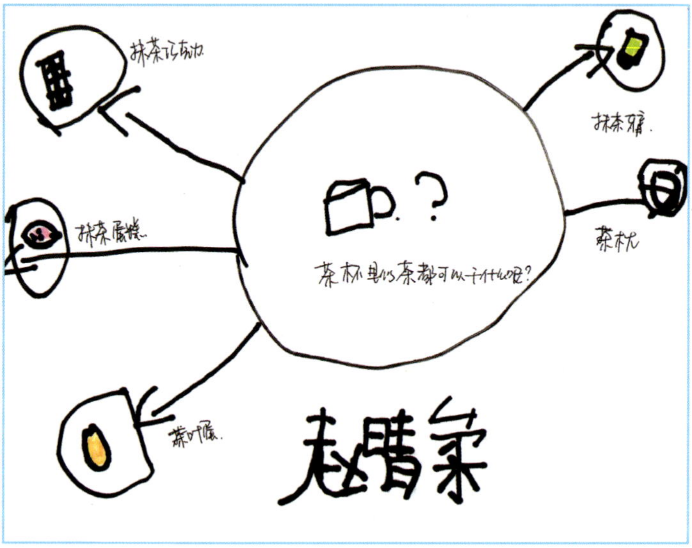

幼儿基本都运用了气泡图，一是因为有前期的经验，二是因为这种训练幼儿发散性思维的问题，很适合用气泡图来梳理。

制作茶叶美食活动开始了，幼儿在操作探索中获得经验，体验操作的乐趣，真正实现在玩中学、学中玩，从而使学习潜能得以开发。教师引导幼儿互相交流，讨论制作茶叶美食可以用什么方式呈现。

教师的引导以及同伴间的互相学习给了幼儿更多的启示，他们开始尝试使用大量图形和符号来表达自己的思维过程。下面是幼儿在制作茶叶美食后形成的整体性儿童海报。

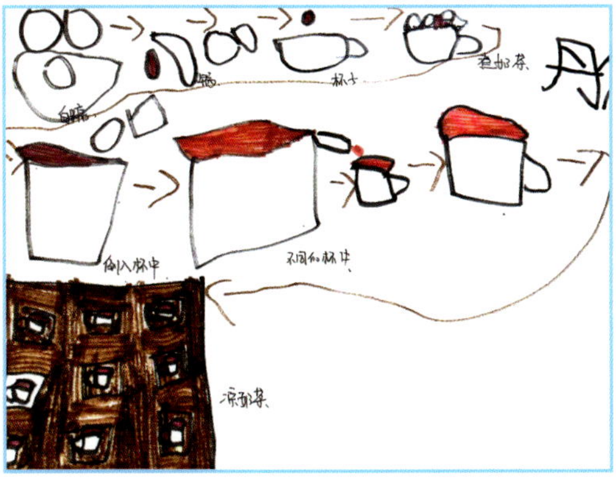

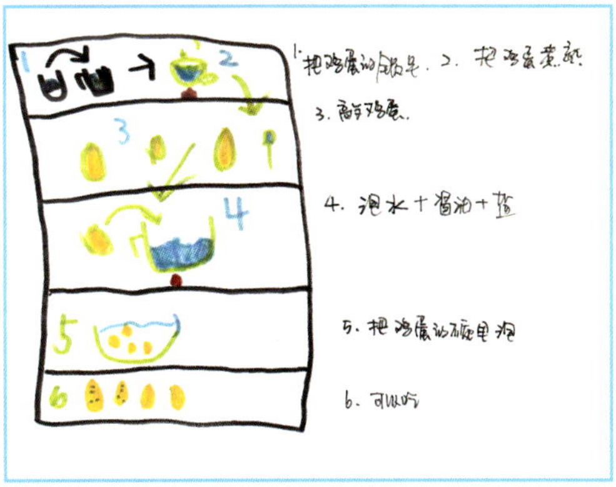

教师的思考：可以看出大班幼儿较中班的时候表达有明显不同，能够运用一定的图画和符号表征表达自己的想法。同时，他们的经验越丰富，表达越完整。教师需要做的就是帮助他们梳理问题和经验并进行提升，引导他们学习运用多元表征表达自己的思维过程。

4. 一起来做水果茶吧

“你知道什么是水果茶吗？”“你喝过吗？”幼儿们你争我抢地回答：“我喝过水果茶，里面有很多的水果。”……大家顿时对水果茶非常感兴趣，都想制作一杯尝一尝。基于幼儿的兴趣，教师引导幼儿一起来画一画想做什么口味的水果茶。

制作群体海报时，教师发现关于想制作的水果茶，幼儿贴得太杂乱了，根本看不出他们最想喝什么水果茶，便把问题抛给了幼儿，“我们有没有什么办法，让别人在看的时候一下子就知道大家最想喝什么水果茶？”“可以把一样的水果放在一起，然后数一数，数量最多的水果就是大家最想做的水果茶啦。”说完腾腾开始操作起来。

在腾腾的提议下，幼儿们开始分类摆放水果，摆放好后下面还留了白，用绘画和书写数字的方式统计出最受大家喜欢的水果茶，其中苹果5票，柠檬和西瓜各4票。

第二天，幼儿纷纷带来了投票前三名的水果，并跃跃欲试想亲手制作水果茶。为了加深对水果茶的印象，便于与同伴交流分享，幼儿采取了群体海报、个人海报的形式。

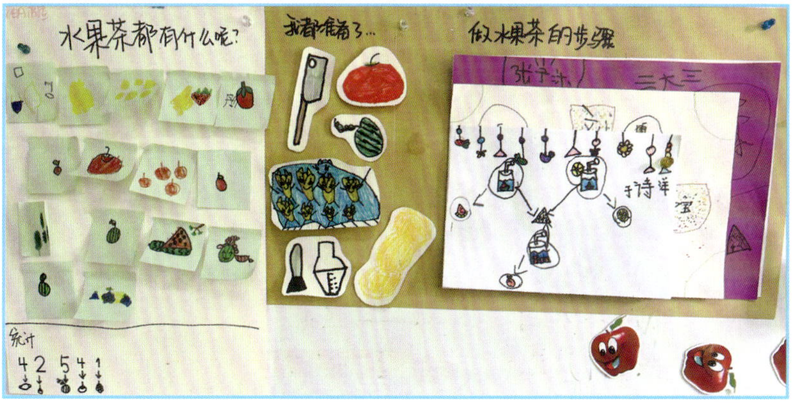

教师的思考：制作海报过程中遇到的问题，正是需要幼儿集中智慧、开动脑筋的地方。面对这些问题，教师抓住了关键，及时引导幼儿学会分类、整理、归纳、总结。在教师的引导下，幼儿开始对水果进行分类，并不断修改，最后完成群体海报的布局。在制作海报的技巧上，幼儿积累了宝贵的经验。

5. 茶叶的故事

茶的研究在幼儿的心中生根发芽，有人做完美食后回家还跟爸爸妈妈分享探究的乐趣。借着这股热情，教师组织幼儿围绕“我知道的茶”进行了分享活动。

腾腾用树叶的形状表现了茶叶是如何种植、如何慢慢长大的，再用“道路”的方式引出茶叶能做成的两种美食——茶叶蛋和奶茶。在表征制作奶茶时，幼儿运用气泡图把制作步骤表达出来；在表征如何区分生鸡蛋和熟鸡蛋时，使用了“√”和“×”（可以连续转的是熟鸡蛋，用“√”表示；不可以连续转的是生鸡蛋，用“×”表示）；最后用格子图表达了做奶茶的注意事项。

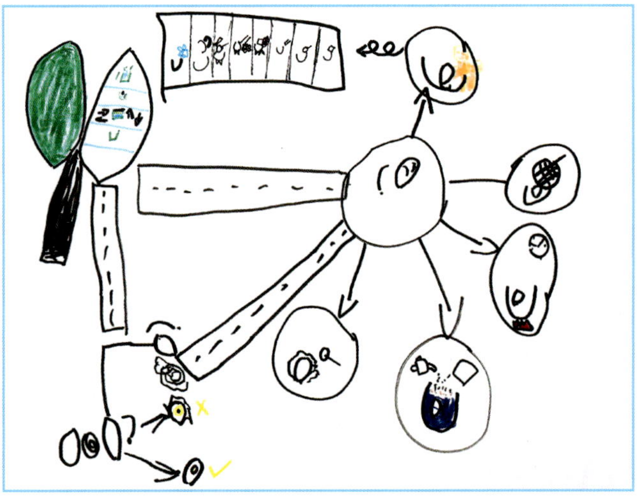

蓬蓬小朋友使用茶叶形状的形式表达，大大的茶叶左边呈现了干干的和湿湿的茶叶的形状，右边呈现出泡完水后茶叶的颜色，用横线和竖线表示茶叶的叶脉；同时用箭头的方式表达小兔子能喝到奶茶的流程；用格子图表示可以用茶叶做什么美食，一个格子里面表示一种；用电话线箭头表示如何区分生鸡蛋和熟鸡蛋，还画出了熟鸡蛋变成了茶叶蛋的流程图。

教师的思考：幼儿能将主题活动中收获的知识经验进行回顾梳理，并用学习导图的方式进行表征；能以生活素材为原型，使用马路、大树等元素来设计画面，用箭头、电话线、实线进行连接，实现艺术性的表达表征。

教师反思

1. 运用多种方式帮助幼儿梳理新经验

在这次和幼儿一起讨论研究茶的过程中，他们运用了多种符号表征来表现关于茶的思考。教师也和他们围绕多种记录方式展开了讨论，收集了他们在实际运用过程中的感受和体会。学习导图的运用对幼儿来说是一次思维的整理，也有助于他们获得新经验。

2. 运用海报，促进幼儿全面发展

幼儿运用海报表达自己的所思所想，有助于思维能力的发展，也可以促进情感和行动方面的进步。海报不仅能很好地推动幼儿的思考和深度学习，还能生动形象地展现出幼儿的每一步探究活动，让幼儿的思维都能被看得见。幼儿通过亲身经历、动手操作，不断地丰富、积累经验，在自我发现问题和解决问题的过程中收获成功的喜悦。

3. 逐渐放手，关注幼儿的发现和创造

大班幼儿创作儿童海报时，教师参与的程度明显降低，多以引导、同伴交流为主。教师在表达过程中要关注幼儿的自我发现和创造，多给幼儿空间。教师通过观察及时发现幼儿表征过程中好的经验想法，并与其他幼儿进行分享交流。

©赵 宇 2023

图书在版编目（CIP）数据

幼儿园儿童海报活动指导 / 万慧馨，王清华主编
. -- 大连：辽宁师范大学出版社，2023.12
（幼儿园教师实践能力指导与培训丛书 / 赵宇主编
）
ISBN 978-7-5652-4286-1

Ⅰ．①幼… Ⅱ．①万… ②王… Ⅲ．①学前教育－教
学参考资料 Ⅳ．① G613

中国国家版本馆 CIP 数据核字（2023）第 239782 号

You'eryuan Ertong Haibao Huodong Zhidao
幼儿园儿童海报活动指导

出 版 人：王 星
责任编辑：杨芮萌
责任校对：刘臣臣
装帧设计：周佰惠

出 版 者：辽宁师范大学出版社
地 址：大连市黄河路 850 号
网 址：http://www.lnnup.net
http://www.press.lnnu.edu.cn
邮 编：116029
营销电话：（0411）84206854 84215261 82159912（教材）
印 刷 者：大连金华光彩色印刷有限公司
发 行 者：辽宁师范大学出版社

幅面尺寸：185mm × 260mm
印 张：5
字 数：80 千字

出版时间：2023 年 12 月第 1 版
印刷时间：2023 年 12 月第 1 次印刷
书 号：ISBN 978-7-5652-4286-1

定 价：25.00 元